tel
tzer
315–331
REESTRAAT
Koffiehuis
De Hoek
385–395
Nieuwe
Suykerhofje
BERENSTRAAT
RUNSTRAAT
535
Annie
Zadoks
Cristofori
581–583
587
Voormalige
Openbare
Bibliotheek
MOLENPAD
LEIDSEGRACHT
LEIDSESTRAAT
230
Juffrouw
Splinter
LAURIERGRACHT
Woonbootmuseum
Johnny
Jordaanplein
ELANDSGRACHT
328–332
Hotel
Wiechmann
LOOIERSGRACHT
PASSEERDERSGRACHT
390
Hoornik
Konsern
RAAMSTRAAT

CW01621418

spreken
Luisteren

keuken
Sophie
TUtuinhuis

PRINSENGRACHT

11080
P
Chipknip
40E
DEMONSTRATIE

INHOUD

ONTDEKKINGSREIS

Een kille maandagavond in december. Sinterklaas is net achter de rug. Het is donker en het motregent. Onherbergzamer kan een stad niet zijn. We fietsen langs de Prinsengracht, van de Amstel naar de Haarlemmer Houttuinen.

Het eerste stuk, tot de Utrechtsestraat, is stil. Maar in bijna ieder huis brandt licht dat naar buiten schijnt. De huiskamers zijn etalages. Bij de Utrechtsestraat is, dankzij de cafés op de hoeken, volk op straat. De stemmen van de gasten die kleumend een sigaret staan te roken, kaatsen over het water van de gracht.

De Prinsengracht is zelfs op zo'n avond nergens uitgestorven. De winkels zijn donker, maar zonder de vijandige rolluiken van de Kalverstraat. Ergens wordt visite uitgewuifd, je hoort muziek van een feestje aan de overkant, op bijna alle kruispunten word je van de sokken gereden als je niet uitkijkt. En overal die verlichte vensters zonder gordijnen, waarachter bewoners de krant lezen, tv-kijken, achter de computer zitten, werken, praten, lachen, ruziën. De koffiehuizen, broodjeszaken en winkels die overdag druk bezocht worden, zijn dicht. Maar de restaurants en eetcafés die overdag dicht zijn, zitten vol. Zelfs op maandagavond. In december.

Je zou willen dat de hele stad zo was. Open, veilig, levend. Wie een nieuwe stad of nieuwe stadswijk moet ontwerpen, doet er goed aan een studiereisje te maken naar de Prinsengracht. Dat is een stuk dichterbij dan Toronto, Sjanghai of Brasilia, maar heel wat leerzamer. Op de Prinsengracht zit alles bij elkaar, op elkaar en door elkaar. Niet van bovenaf geordend, een monument van individuele ambities die op onnaspeurbare wijze tóch een geheel vormen.

Wij hebben bijna twee jaar de Prinsengracht van alle kanten besnuffeld. Het is onze gracht geworden. Het is geen geveltjesgracht voor rondvaartboten en geen banken- en kantorengracht. Er wordt gewoond, gewerkt, gegeten en gedronken. Alle functies van het leven bij elkaar, zodat er nooit pijnlijke stiltes vallen.

De Prinsengracht is vierhonderd jaar oud: een openbaar archief, toegankelijk voor iedereen die oog heeft voor de dynamiek van de geschiedenis. De tijden lopen door elkaar heen. We leven vandaag in een vastgoedmaatschappij, een maatschappij van megaprojecten waarmee miljarden gemoeid zijn. Grootschalig, imponerend, snel. Maar niemand heeft ooit in kaart gebracht hoeveel miljarden in de loop der eeuwen op de Prinsengracht zijn geïnvesteerd en nog steeds worden geïnvesteerd. De Zuidas verbleekt erbij.

We kunnen iedereen zo'n 'studiereis' aanbevelen. Op de Prinsengracht word je met open armen ontvangen. Geen scherpgepunt hekwerk, prikkeldraad, Verboden Toegangbordjes of waarschuwingsteksten met moordenaarshonden. Blijf je ergens wat langer staan, geheid dat je wordt aangesproken. Prinsengrachters zijn trots om er te wonen of te werken en ze begrijpen heel goed dat iemand hier studiemateriaal verzamelt. Ze vertellen graag hun verborgen verhalen.

We hebben geen traditioneel grachtenboek geschreven, dat zal duidelijk zijn. We beschrijven en tonen wat we hebben gezien en gehoord. Een duizelingwekkende hoeveelheid indrukken waarin we lijnen proberen te ontdekken. Zo goed en zo kwaad als het gaat, zonder een gereedschapskist vol geijkt begrippenmateriaal.

Allemaal denken we de Prinsengracht te kennen, maar dat is een illusie. Hoe meer je ziet, hoe minder je weet. Dit boek is het verslag van een ontdekkingsreis langs de evenaar van Amsterdam.

Amsterdam, mei 2010

Zilveren lint

Hoek Amstel

smalle huizen waarin onder bejaarden wonen en boven jonge gezinnen. Veel kinderen, vaders en moeders met bakfietsen vol. Op welke gracht zie je zoveel fietsen? En zoveel uiteenlopende bedrijvigheid?

De brug waarop we staan, is genoemd naar de 'fabrieksmeester' van de stad die vierhonderd jaar geleden, in april 1610, samen met 'stadstimmerman' Hendrick Staets het uitbreidingsplan ontwierp dat het oppervlak van de oude stad in één klap verdrievoudigde. Op de Herengracht en Keizersgracht vestigden zich de nieuwe rijken van de Gouden Eeuw. De Prinsengracht werd bevoorradings- en werkgracht. De Oetgensbrug had ook genoemd kunnen worden naar burgemeester Johannes Hudde, die eind zeventiende eeuw op deze plek een sluis liet bouwen. De Prinsengracht, met haar groenten- en turfmarkten, fabrieken, suikerraffinaderijen, bierbrouwerijen, ververijen, drukkerijen, wasserijen, pakhuizen en al het afval uit de straatarme Jordaan, was een stinkgracht. Hudde maakte met zijn spoelsluis aan de Amstel het leven en werken draaglijker.

Van begin af aan tot op de dag van vandaag is de Prinsengracht de gracht waar zich het volle stadsleven concentreert: wonen, werken, plezier maken, bidden en leren. Er is altijd volk, het verkeer loopt voortdurend vast en 's avonds brandt overal licht. Alle pogingen van bestuurders en heemschutters om de grachtengordel te bevriezen, zijn hier gestrand. De Prinsengracht verandert voortdurend, past zich aan, maar tegelijk blijven de sporen van het verleden overal zichtbaar. Een openluchtarchief en experimenteel laboratorium tegelijk. Scheppende anarchie. De Prinsengracht is duurzaam.

OPSTAPPER De Opstapper, het busje van de Prinsengracht, komt langs de Amstel aanrijden. Je steekt je hand op en hij stopt. Voor 1 euro kun je de hele gracht langs.

Het busje kruist acht zijstraatjes en één zijgracht aan de oneven kant, en achttien zijstraatjes en zes zijgrachten aan de even zijde, de buitenste cirkel. Over en langs de Prinsengracht en de Korte Prinsengracht liggen 27 bruggen. We steken vijf doorgaande straten over: Utrechtsestraat, Vijzelstraat/Vijzelgracht, Leidsestraat, Raadhuisstraat/Rozengracht, Haarlemmerstraat/Haarlemmerdijk. En drie doorgaande grachten: Reguliersgracht, Leidsegracht, Brouwersgracht. En we passeren drie pleinen: Amstelveld, Westermarkt, Noordermarkt.

We rijden richting Centraal Station langs de oneven nummers, de achterburen van de Keizersgracht. Een pietsie deftiger dan de overkant. Wat een lekker busje. Je zit hoog en comfortabel, eerste rang. De vrolijke en praatgrage chauffeur is een duivelskunstenaar. Hij manoeuvreert zijn karretje secuur langs alle obstakels van de gracht — paaltjes, geparkeerde fietsen, terrasstoeltjes, bestelauto's die worden gelost, voetgangers

ODE AAN DE OPSTAPPER
JUDITH HERZBERG

Het klein sculptuur, die man
die op het Leidsebosje in een boom
de tak waarop hij staat
bezig is door te zagen
is misschien wel te veel embleem
voor Amsterdam zoals het was
als stad met on-opdringerige cultuur.

Zo zijn er meer bijna-geheimen.
De Opstapper bijvoorbeeld
door veel te weinig mensen
want onbekend — gebruikt
en daarom, het gaat om aantallen
nietwaar, bedreigd.

Rijdt route die tot voor kort
niet als route werd beschouwd
de hele Prinsengracht langs
van begin tot eind. Zo wordt
het Centrum half omkromd,
de pracht en de bedrijvigheid
voor wie meerijdt uitgestald.
Bij enig groot obstakel kan
even worden uitgeweken.

Je hoeft je hand maar op te steken
en het busje stopt. Je stapt in,
groet en wordt gegroet
de kleinheid vergt vanzelf manieren.

Het soepelst menselijkst
vervoer in dit geconstipeerd verkeer
zo wendbaar wou je wel
dat alles was.

op de rijweg, wachtende taxi's, spookrijdende fietsers. De Prinsengracht vergt opperste concentratie. Drempel op drempel af. Brug op brug af. Geen vaste haltes, een heer met een boodschappentas steekt zijn hand op, een dame vraagt: 'Chauffeur, wilt u op de volgende verkeersdrempel stoppen?' Ze stapt uit bij haar voordeur. Voor mensen die slecht ter been zijn, blijft hij geduldig wachten. Als ergens de weg wordt geblokkeerd door een verhuiswagen, maakt de chauffeur even een lus over de Keizersgracht. Dat moet je wel op tijd in de gaten hebben. Overal waar hij langskomt, wordt naar hem gelachen en gezwaaid.

Achter de rug van de chauffeur hangt een beeldscherm waarop nauwkeurig wordt aangegeven waar we rijden. Af en toe verschijnen er foto's op het scherm: Amstelkerk, Leidsestraat, Woonbootmuseum, Westerkerk, Noorderkerk. Als ijkpunten, handig voor toeristen.

Even voorbij de Noordermarkt is het eigenlijke begin van de Prinsengracht, bij de Lekkeresluis. Deze brug heet zo omdat daar ooit baksters stonden met pannenkoekenkraampjes. Haaks op de brug ligt de Papiermolensluis over de Brouwersgracht. In deze hoek staat de pot met goud. Waar de Prinsengracht overgaat in de Korte Prinsengracht en de Brouwersgracht kruist, is Amsterdam betoverd. Tegen een decor van boten, bruggen, kades, gevels en bomen speelt de zon met het water. Dit is het licht van Rembrandt, dat alle scherpe hoeken en randen zacht maakt en tegelijk het hart van de stad blootlegt. Een mooier plekje bestaat niet. Er staan twee bankjes, pal tegenover het schip 'Prins & Brouwer'.

De Opstapper, die spijtig genoeg is omgedoopt tot Stop/Go, duikt omlaag, de Korte Prinsengracht op. Hier begonnen ze te graven in 1614—vanaf het IJ. De Korte Prinsengracht is een tweelingzusje van het stukje Prinsengracht tussen de Oetgensbrug en de Utrechtsestraat. Weer woonboten en bomen, weer liefdeloze nieuwbouw tegenover pareltjes uit het verleden.

De grootouders van schrijfster Mies Bouhuys, die in de zomer van 2008 overleed, hadden begin vorige eeuw een strijkerij op het stukje tussen Haarlemmerdijk en Vinkenstraat dat vandaag ontsierd wordt door een Albert Heijn. De moeder van Bouhuys, die daar opgroeide, vertelde de kleine Mies over de turfschippers uit Drenthe die met hun gammele bootjes bij hen voor de deur lagen. Dat vreemde volk was onbeschrijfelijk arm. 's Nachts schoten ze op meeuwen en eenden die ze met illegaal gestookte vuurtjes op hun schepen braadden. Maar, vertelde Mies Bouhuys later in *Ons Amsterdam*, er was een bakkersvrouw die de schippers aangaf bij de politie. Mies was er nog verontwaardigd over. 'Op een dag vlogen de panden van haar schort in brand tijdens het poffertjes bakken. Brandend sprong ze het water in en was dood. Als kind vond ik dat zó bevredigend voor mijn rechtvaardigheidsgevoel.'

Korte Prinsengracht

Halverwege wordt de Korte Prinsengracht overbrugd door de Eenhoornsluis, genoemd naar een brouwerij. De installatie waarmee de oude sluisdeuren werden opengedraaid, staat er nog. De lage sluismuren zijn in trek bij zonaanbidders aan de ene kant en duiven aan de andere kant. Rondvaartboten wurmen zich hier de stad binnen na een bezoek aan de haven en de Westelijke Eilanden. Ze stevenen recht op de Westertoren af, die overal bovenuit steekt.

Frans Hendriksz. Oetgens heeft de grachtengordel vierhonderd jaar geleden als een halve maan rond de oude stad gedrapeerd, van het open water van het IJ naar het open water van de Amstel. Een geniaal ontwerp. Wat hij toen zag, is aan het eind van de Prinsengracht op die brug van hem, nog steeds te zien waar gracht en rivier elkaar begroeten. Maar sta je op de Eenhoornsluis, met je rug naar de Westertoren, dan zie je wat de geschiedenis heeft aangericht. Er zijn nog oude schilderijen, tekeningen en foto's die het uitzicht van de Korte Prinsengracht op het wijde IJ tonen. Geen kruiperige rondvaartbootjes, maar trotse driemasters. De schilder Eduard Karsen, bevriend met Willem Witsen en de Tachtigers, is hier opgegroeid en was niet weg te slaan van het platte dak boven de vliering van het huis waar hij met zijn tweelingbroer Henri sliep. Het was hun belvédère, vanwaar ze bij helder weer zelfs de Zuiderzee konden zien. Eduard Karsen heeft dat steeds opnieuw weer geschilderd. In drie etappes is dit vergezicht kapotgemaakt: eerst eind negentiende eeuw het spoorwegviaduct, vervolgens in de jaren zeventig het viaduct van de gemankeerde snelweg rond de Haarlemmer Houttuinen en ten slotte, in deze eeuw, de buitenproportionele blokkendozen van het Westerdokseiland. Lucht, licht, ruimte—foetsie.

De Opstapper verlaat hier de gracht. Hij rijdt voor het Centraal Station langs naar het eindpunt bij de nieuwe Openbare Bibliotheek aan het Oosterdok. 'Even een shaggie roken,' zegt de chauffeur, 'voor mijn rug.' Hij zit nu twee jaar op de Opstapper en is dik tevreden. Nooit problemen. 'Als ik op de grote bus had gezeten, had ik over die twee jaar een boek kunnen schrijven over alle ellende die je overkomt. Op deze lijn niets van dat alles. Mijn jonge collega's willen geen "rondje om de kerk", zeggen ze. Te saai. Onzin, het is elke keer weer anders. De mensen zeggen altijd vriendelijk gedag, maken een praatje. Ze herkennen je als je langskomt. De Prinsengracht is heel dorps, dat bevalt me. Vermoeiend is het wel, altijd laveren tussen die fietsers—links, rechts, voor, achter. Vooral de toeristen op de fiets worden zenuwachtig, je ziet ze gaan trillen, ik ben altijd bang dat ze op zo'n paaltje knallen. Heb je onderweg vertraging, dan schiet je rustpauze erbij in. Op zaterdag, als het markt is op de Noordermarkt, is het afzien. Wanneer er dan ook nog collega's uitvallen door ziekte of vakantie, wordt het heel zwaar. Dan zit je propvol en moet je nee verkopen. Dan is het even niet leuk.'

Hotel Pulitzer

De Opstapper bestaat nu tien jaar en is niet meer weg te denken. Maar ja, weet de chauffeur, ze willen het busje aldoor opheffen, want dit 'kleinschalige openbaar vervoerproduct' is 'structureel verliesgevend'. 'We hebben nu weer geld gekregen tot eind 2012,' weet de chauffeur. 'Tegen die tijd zien we wel weer.'

Het shaggie is op. We gaan terug, nu langs de even zijde van de Prinsengracht, de buitenring richting Waterlooplein.

DE BRUG We laten ons afzetten bij de brug tussen de Laurierstraat en de Lauriergracht. De chauffeur neemt hartelijk afscheid. De hoge bolle brug is de Reesluis waar de Reestraat, één van De 9 Straatjes, op uitkomt. De brug is een strategische uitkijkpost. Vanaf die plek zie je alles samengebald wat de Prinsengracht is — in één panoramablik van honderdtachtig graden.

De Westertoren is opeens dichtbij. Links ligt de Jordaan, en dat zul je weten ook. Zaten hier vroeger een comestibleswinkel ('kommenijsbaas'), haringhandel, groentenkeldertje, antiquariaat en parapluiezaak, vandaag zien we de Jordaandrukker ('Atlantic'), Nummer 9 (damesmode), 't Winkeltje (potjes, glazen, vazen, kopjes, fotolijstjes, ditjes en datjes), Juffrouw Splinter ('de leukste brocante, vintage en curiosa in hartje Amsterdam'), Klamboe (muskietennettten in alle kleuren), Claire V Gallery, Bodart (design keukengerei), Eerste Ned. Hoedenvorm Industrie (nu woonhuis) en Raïnaraï (de nomadische keuken van Algerije). Bij dit restaurant-cateringbedrijfje blijft je blik even hangen. De woestijn leeft in één van de mooiste hoekpandjes op de gracht. Aan de kant van de Lauriergracht heeft het een unieke buitentrap van baksteen, aan de Prinsengrachtkant een pothuisje. Daarop liggen manden met groenten en vruchten die wij, Hollandse spruitjeseters, nooit gezien hebben.

De blik draait door naar de overkant. Schuin tegenover Raïnaraï staat midden op de stoep een losse zuil met brievenbussen, intercoms en deurbellen. Die staat voor de oude toegangspoort van het Nieuwe Suykerhofje — ooit een opbergplaats van behoeftige katholieke vrouwtjes, later van arme studenten, journalisten, kunstenaars en schrijvers. Dankzij projectontwikkelaars die het hofje hebben gerestaureerd, zit het nu op slot. Daarnaast, richting Reestraat, iets wat eruitziet als een futuristisch laboratorium: delicatessenbar Envy, tweelingzusje van wijnproeverij Vyne, een restaurant dat de Michelingids heeft gehaald. Op de glazen deuren staan de themawoorden van de kok: *greed, lust, gluttony, wrath, pride, sloth*. Buurman Van Puffelen, ooit een trendy café waar de *Haagse Post*-redactie doorzakte, ziet er zo opeens uit als een oude bruine kroeg. De vijf pakhuizen naar de hoek, met rode herten op de gevel, zijn onherkenbaar veranderd. Voorheen brouwerij 't Roothaert respectievelijk de Technische Unie, zijn het nu sjieke appartementen met koperen

Reestraat en Reesluis

't Winkeltje, Prinsengracht 228

naamplaten en bellen. En aan de andere kant van de Reestraat staat in een nis de geüniformeerde portier van het Pulitzer Hotel dat ook een heel blok pakhuizen heeft geannexeerd. Het hotel heeft in het water een eigen aanlegsteiger voor watertaxi's, en natuurlijk, voor het jaarlijkse Prinsengrachtconcert.

Als de portier even geen hotelgasten hoeft te ontvangen of uitgeleide te doen, kijkt hij uit op een monument uit de jaren van Jan Schaefer, de wethouder die drie decennia geleden de leegloop van Amsterdam een halt toeriep. Toen Schaefer aantrad, zat op de hoek van de Rozenstraat een garage van een club motorvrouwen in een vervallen pand. Nu staat er een woonkazerne van sociale huurflats. De schoonheidsprijs verdient het complex niet, maar dat hier mensen kunnen wonen die geen dikke portemonnee hebben—dát is ook de Prinsengracht.

De cirkel is rond, amper honderd meter in doorsnee. Een kosmopolitische stad op postzegelformaat.

DE ZOEN De brug is behalve uitkijkpost ook gewijde grond. Hier nam Kees Bakels afscheid van Rosa Overbeek aan het eind van Theo Thijssens klassieke boek *Kees de jongen*.

> 'Fijnerd, lieverd!' hoorde hij haar zeggen, en hij voelde haar ene arm om zijn hals, en haar lippen op zijn wang, vlak naast zijn mond hem kussend, twee, drie keer. 'Pas op, val niet', zei hij dwaas, en haar omvattend, zonder dat hij het wist. Huilde zij ook? Ze duwde, hij liet los, en ze vluchtte weg zonder omkijken.
> Kees keek haar na, tot hij haar de Reestraat zag inhollen, aldoor nog zonder omkijken. Hij snikte hardop, maar hij knikte haar toch lachend toe, alsof ze wél omgekeken had, en zijn gezicht uit de verte nog had kunnen zien.

De Reesluis was ook de brug van Kikkie de bruggetrekker. Kikkie was Christiaan Smit (1857–1940) van de Bloemgracht, die zijn brood verdiende door in weer en wind winkeliers en kooplieden uit de Jordaan met hun volgeladen handkarren de brug over te helpen, voor een halve stuiver per keer. 'Ineengedoken bij slecht weer,' schrijft de Amsterdamse historicus J.E.Croese,

> behangen met drie, vier oude jassen of wat daar op leek, het zeiltje over de schouder waar het touw bij het trekken over schuurde, zijn handen bedekt met lappen, kraag hoog op, petje zowat over zijn drankneus, leunde hij (tenminste wanneer hij niet in de kroeg zat) tegen de brugleuning, pruimensap spuwend in het water van de Prinsengracht, wachtend op een vrachtje.

In de Jordaan had het beroep van Christiaan Smit een

De toonbank van Raïnaraï, hoek Lauriergracht

naam gekregen—iedereen kende hem als 'Kikkie de Kargadoor'.

De Reesluis was de favoriete brug van neerlandicus Kees Fens, overleden in 2008.

> Als ik niet meer kan, laat ik mij 's morgens naar De Hoek brengen, zet mij aan het raam en kijk de hele verdere dag in het hart van het geluk: een boogbrug met fietsers. Na een tijdje herken ik sommige fietsers en zij mij. Achter mijn raam zwaai ik. Zij zwaaien terug. Ik deel even in hun geluk. En ik heb een laatste levensvulling.

De Hoek is het koffiehuis aan de voet van de brug van Harry Schaft en Laura Heuvel. Tussen de middag is het er altijd afgeladen vol. In de zomer kom je daar voor de pannekoeken, in de winter voor de snert met roggebrood en katenspek. Harry staat achter de toog, Laura beneden in de keuken.

Harry Schaft is geboren in de Willemsstraat, hartje Jordaan. Laura is een dochter van de 'Rooie Heuvels' in de Tuinstraat, ook hartje Jordaan. Ze werden zo genoemd vanwege hun rode haar en hun rode hart. Opa Heuvel, mag Harry graag vertellen, was oersterk. 'Die tilde bij het Jordaanoproer in 1934 een heel paard op, ze moesten hem met vijfenzestig man in bedwang houden.' Harry zelf heeft ook handen als kolenschoppen. Hij heeft de gewoonte zijn klanten bij het weggaan een hand te geven, wat je de rest van de dag nog voelt. Hij is bouwvakker geweest, net als zijn vader. Ze zaten in de restauratiebouw. In de jaren tachtig was het crisis in de bouw. Harry en Laura hadden elkaar net ontmoet. Laura's vader dreef Café Heuvel op de hoek van de Prinsengracht en de Spiegelgracht. Zoiets wilden zij ook wel. In 1987 konden zij dit koffiehuis van de vorige eigenaar kopen. Ze hebben er nog geen dag spijt van gehad.

Vroeger was hier een stomerij en daarna een antiekzaak, met achterin een verhoogde huiskamer van waaruit de winkel in de gaten gehouden kon worden. Die kamer is bij de zaak getrokken. Beneden is rond de toog ruimte voor niet meer dan vijf tafeltjes. Een brede houten trap leidt naar boven, waar nog eens vijf tafels staan. De oude spiegel hangt er nog, 'Eigen Haard is Goud Waard' staat er boven. Er is geen stukje muur over. Achter de toog is de wand volgeplakt met bankbiljetten uit de hele wereld. Boven hangen ingelijste, gesigneerde voetbalshirts van het Nederlands elftal, een gedicht van een klant, oude foto's en een paginagroot *Parool*-interview met Harry.

Envy aan de ene kant en Pulitzer aan de andere kant. Maar De Hoek is misschien nog bekender dan die twee samen. Vooral dankzij Ischa Meijer, die een paar jaar voor zijn dood in 1995 in de Reestraat kwam wonen, schuin

Het koffiehuis van Harry en Laura, hoek Reestraat

tegenover het koffiehuis. Hij zat er elke ochtend met kranten en koffie, en schreef in zijn *Parool*-column 'De Dikke Man' vaak over Laura en Harry. 'Ischa heeft ons op de kaart gezet,' zegt Harry. 'Hij zat altijd aan de kant van de straat met zijn gezicht in de krant. Als er dan weer eens een Amerikaan zijn hoofd naar binnen stak en vroeg: "Anne Frank House?", liet Ischa zijn krant zakken en riep terug: "Zoek je eigen schuilplaats", of "Ze woont hier niet meer", met dat hoge, snerpende stemmetje van hem.'

Een jaar na Ischa's dood werd Matthijs van Nieuwkerk hoofdredacteur van *Het Parool*. Hij hield aan de ronde tafel op het entresol elke dinsdagmorgen een ontbijt-vergadering met Martin Bril, Felix Rottenberg en John Jansen van Galen om te brainstromen over de krant. Weer een jaar later interviewde het duo Barend & Van Dorp op dezelfde plek Johan Cruijff die zijn vijftigste verjaardag vierde. En de ingelijste Oranjeshirts — één zwart-wit, van Frank Rijkaard, tegen racisme in de sport — hebben Harry en Laura gekregen van hun vriend Hans Jorritsma, voormalig hockeycoach en nu teammanager van de voetballers.

Het echtpaar is apetrots, maar ze vertellen over hun bekende vrienden zonder een spoor van opschepperij. Alle gasten zijn even welkom: de veeleisende toerist, druk ratelende vriendinnen, wichtigmachers die hun zakenrelaties even meenemen naar een echt Amsterdams zaakje, de eenzelvige krantenlezer, de verlegen student die in een hoekje zit te studeren en de dichter in spe die in een schriftje aantekeningen maakt.

Buurvrouw Jet Greebe, eindredacteur bij de *Uitkrant*, is vaste klant en vriendin. Ze woont aan de andere kant van de Reestraat, vlakbij Pulitzer, in een door Stadsherstel van de ondergang gered grachtenpandje. Ze kwam hier in 1980 wonen met haar echtgenoot Rob Grootendorst. 'We werden voor gek verklaard,' vertelt ze aan een tafeltje bij Harry en Laura. 'Dáár ga je toch niet zitten, tussen al die afbraak!' Maar, wat waren ze blij dat ze doorgezet hebben. De hele binnenstad leek ten dode opgeschreven toen ze daar neerstreken, mensen trokken massaal naar Purmerend en Almere. Maar sinds een jaar of vijftien wordt alles weer mooi opgeknapt en is het leven terug.

Rob Grootendorst, in 2000 overleden, was neerlandicus aan de Universiteit van Amsterdam. Zijn grote liefde, al vanaf zijn studietijd, was Theo Thijssen. Hij heeft over hem geschreven. Mede door hem zijn het Theo Thijssenmuseum in de Eerste Leliedwarsstraat en het standbeeld op de kop van de Lindengracht er gekomen. En hij heeft, samen met Peter Paul de Baar, het verzameld werk van Thijssen verzorgd. Het huis van Rob en Jet, Prinsengracht 335, werd het verzamelpunt van de Theo Thijssen fanclub. 'Dat we hier kwamen wonen, met uitzicht op de brug van Kees en Rosa, was natuurlijk een leuke bijkomstigheid,' zegt Jet.

Hoek Lauriergracht

Theo Thijssen op de Lindengracht

ALLE PRINSENGRACHTEN In 1943, kort voor zijn dood, schreef Theo Thijssen zijn jeugdherinneringen op: *In de ochtend van het leven*. Hij vertelt hoe hij met zijn vriendjes koetsiertje speelde: één jongen werd met een touw als paard opgetuigd, een ander stuurde hem met de leidsels. Zo holden ze langs de gracht, helemaal tot de Amstel en langs de andere kant weer terug. Dat spel heette: 'Alle Prinsengrachten'. Wat die jochies honderd jaar geleden hollend deden, doen we tegenwoordig met de Opstapper. Voor de winkel van Juffrouw Splinter steken we de hand op, want onze fietsen staan nog op de Oetgensbrug.

Bruggen verbinden doorgaans twee straten aan weerszijden van water. Bij de Prinsengracht is dat niet het geval. Als je, komend vanuit de Reestraat, van de Reesluis naar beneden roetsjt, kun je niet rechtdoor. Je moet remmen om niet bij Juffrouw Splinter of Klamboe binnen te vallen. Hoe komt dat? De Jordaan die, als het 'Nieuwe Werk', tegelijk met de grachtengordel werd aangelegd, is schuin tegen de Prinsengracht aangeplakt. Kwestie van geld. De aannemers van vier eeuwen geleden bouwden de huisjes van de Jordaan langs de bestaande sloten. Dat was wel zo goedkoop. Daardoor is de Noordermarkt een zuivere driehoek en lopen alle hoekhuizen van de Prinsengracht aan de Jordaankant uit in een scherpe punt.

Tussen de Prinsengracht en de oude stadswal hebben zich in de loop der eeuwen buurten genesteld van kleine ambachtslieden, werkvolk, kooplui, fabriekjes en werkplaatsen. Ze hebben allemaal hun eigen karakter, en dat straalt af op de Prinsengracht: de Noord-Jordaan en, voorbij de Rozengracht, de Zuid-Jordaan, de Looiersbuurt, Leidsebuurt, Spiegelbuurt, Weteringbuurt, de buurt rond de Noorderstraat en de Utrechtsestraatbuurt. Telkens verschiet de Prinsengracht van kleur. In de Opstapper wordt deze film in twintig minuten afgedraaid. Alle Prinsengrachten voor 1 euro.

Beestenboel

Zoekplaatje

Lekgootje

2

EEN SCHILDERIJ VAN BREUGHEL

De buren van De Duif, de katholieke kerk tegenover het Amstelveld, wonen in een grachtenhuis met een natuurstenen buitentrap naar de voordeur. In de trap zit een deur naar het souterrain met een koperen trekbel. Deze constructie heeft één nadeel: als het geregend heeft, krijg je druppels in je nek. De bewoners hebben er iets op gevonden. Toen een jaar of wat geleden de kerk werd gerestaureerd, hebben ze de aannemer gevraagd een lekgootje voor hen te maken boven de souterraindeur. Geniaal.

Je kunt natuurlijk een gewoon zinken afvoerpijpje bestellen, maar dat doe je niet als je aan de Prinsengracht woont. De aannemer heeft een exemplaar gemaakt met aan de uiteinden twee drakenkopjes, die het overtollige water van het trapbordes deftig uitspuwen op het trottoir—náást het trapgat van het souterrain. Geschilderd in de kleur van de trapleuning en de deuren: grachtengroen. Alsof het er al zit sinds de Gouden Eeuw.

De andere buurman van de kerk heeft begin deze eeuw een gevelsteen aangebracht. Daarop staat de steile brug bij de Reguliersgracht afgebeeld waarop hij uitkijkt. Een fietser met een wapperende rode sjaal rijdt vrolijk van De Duif naar de Amstelkerk. Met drie woorden: 'onvermoeibaar bruggen slaend'. Wat jammer nou, zo'n leuk plaatje met zo'n quasi oud-Hollandse neptekst. Maar wacht even, de steen is een puzzeltje. Van de 26 letters zijn er 17 roodbruin en negen goudkleurig. Lees je alleen de gouden letters, dan komt een naam tevoorschijn: Vermeulen. De eigenaar had die 'e' in 'slaend' gewoon nodig.

Als het over de Amsterdamse grachtengordel gaat, vallen altijd de woorden 'voornaam', 'monumentaal', 'erfgoed', 'imposant', 'eeuwenoud', 'de glorie van Amsterdam'. Maar dan gaat het over de Herengracht en de Keizersgracht. In de literatuur en bij rondleidingen wordt de Prinsengracht steevast overgeslagen. De Prinsengracht beantwoordt in geen enkel opzicht aan het gangbare beeld van de grachtengordel. Het is een speelse gracht waar elke vierkante centimeter intensief wordt gebruikt. Bewoners en bedrijven verschuilen zich niet achter steriele gevels, ze laten zien dat ze er zijn. Eerder met gevoel dan met ontzag voor het verleden. Dat levert duizend verrassingen op, grote en kleine.

Planten, een dure hobby

TUINCENTRUM Bij de Vijzelgracht is weer zo'n huis met een buitentrap. Naast de deur, boven de bel, troont een plantenbak. Aan de trapleuning hangen plantenbakken en ook op de traptreden staan plantenbakken. De bewoonster komt naar buiten in werkkleding: halfhoge laarzen, spijkerbroek, hooggesloten jack, wollen sjaal en tuinhandschoenen, een blauwe en een gele. Ze heeft een zak aarde bij zich, een bloempot met een klein boompje, een plastic tas en een hamer. Ze steekt de rijweg over en gaat aan de slag in het tuintje dat zij heeft aangelegd rond een boom langs de kade. Ze heeft er veel werk van gemaakt. Rondom de boom zijn alle straatstenen weggehaald en staat het vol bloeiende planten en struiken. Een verkeersbord, waaraan een forse kinderbakfiets is vastgeketend, is in het ontwerp meegenomen. Lastig, hij staat de tuinierster in de weg.

Ze graaft eerst een gat voor haar nieuwe aanwinst. Vervolgens slaat ze met de hamer een bloempot aan scherven in de plastic zak. Dat puin gooit ze in het gat voordat ze, met grote toewijding, het boompje plant. Ze is trots op haar tuin. Maar ze moet er wel altijd veel rotzooi uithalen en er wordt veel vernield. 'Hartbrekend', vindt ze. Er wordt ook gestolen. Dat vindt ze minder erg, als iemand wat mee gapt voor zijn tante. Dan heeft er tenminste nog een mens plezier van. Ja, het is een dure hobby, maar ze laat zich niet uit het veld slaan.

Een paar honderd meter verderop, tussen de Utrechtsestraat en de Amstel, hebben de bewoners voor de deur een paradijsje ingericht. Onder een erker, op een verhoging, staat een sierlijk rond tafeltje met twee stoelen tussen een overweldigende bloemenweelde: lavendel, lobelia, fuchsia, hortensia's, geraniums. Langs de erker kronkelt een druivenrank omhoog, een buitenprieel. De jonge hovenierster komt net de deur uit en pakt haar fiets. Ze geniet zichtbaar van de belangstelling. Nee, zij heeft geen last van vernielingen, absoluut niet. En er wordt ook niets mee gejat.

De Prinsengracht is één groot tuincentrum. Dat onderscheidt de gracht van de andere grachten en heeft de Prinsengracht gemeen met de aanpalende buurten. Overal leven bewoners zich uit. Raamkozijnen, buitentrappen, stoepen, wallenkanten—alles wordt versierd en met zorg bijgehouden. Zonder enige terughoudendheid worden grote stukken openbare ruimte geconfisqueerd.

Waarom doet iedereen dat? De huizen aan de Prinsengracht hebben niet allemaal, zoals de patriciërshuizen aan de andere grachten, diepe tuinen met sjieke tuinhuizen waar bewoners hun liefde voor al wat groeit en bloeit kunnen uitleven. Dat is één antwoord.

Maar er is meer aan de hand. De tuinen op straat zijn ook de allerindividueelste expressie van de allerindividueelste emoties. De bewoners laten zien wie ze zijn, en dat is een feest voor het oog. Op de Keukenhof zie je alleen maar tulpen, langs de Prinsengracht zie je alles wat god

Hoek Reguliersgracht

Prinsengracht 558

Hoek Rozenstraat

aan flora heeft bedacht. Soms zie je door de rozen de gevel niet meer en kun je door het klimgroen de voordeur niet vinden. Tussen al dat groen en al die bloemen hangen overal aan de Prinsengracht romantische lantaarns aan de gevels.

Gevelstenen hebben dezelfde functie: laten zien waar je woont en wie je bent. De gevelsteen is een eeuwenoud onderscheidingsteken waarover bibliotheken volgeschreven zijn. Aan de Prinsengracht gaat de gevelsteen met zijn tijd mee. Oude en nieuwe hangen kriskras door elkaar. 'Out Schaep', 'D'Bonte Os' en 'Iong Lam' uit 1661, maar ook 'Halverwege' uit 1973 en 'Nooit Weer' uit 1976 ('9-10-6en7tig'). Naast de Spiegelgracht vaart op een zwart geschilderd huis uit 1699 een trekschuit langs een molen en een kerktoren, bij de buurman prijkt een spiksplinternieuwe pinguïn boven de deuren van het souterrain. Aan de overkant, bij de Vijzelstraat, zit op een vroeg twintigste-eeuws assuradeurskantoor, waar makelaar Babs Persoons kantoor houdt, een man in een racewagen. Het Paleis van Justitie is een monsterlijk gebouw, maar de biddende en dankbare kindertjes op de gevel ernaast zijn ontroerend.

Al die gevelstenen hebben een verhaal. Op de hoek van de Reguliersgracht staat een ooievaar in een nis boven de voordeur, naast het straatnaambord van de Prinsengracht. Schuin onder zijn rechtervleugel heeft de bewoner in 1993 een gevelsteen aangebracht met een zonnewijzer. Daaronder staat zijn naam, Gerard Prins, en zijn beroep: architect. Prins heeft een belangrijke bijdrage geleverd aan de instandhouding van zijn gracht toen er plannen bestonden hoek Vijzelstraat/Prinsengracht—tegenover het omstreden bankkantoor van Marius Duintjer—tegen de vlakte te gooien. Daar moest een nieuw verzekeringskantoor verrijzen. Dankzij Stadsherstel zijn die plannen verijdeld en heeft Gerard Prins de hoek in oude luister kunnen herstellen. Er wordt weer gewoond, en je kunt beneden lunchen bij Village Bagels of café De Fles.

Net zo'n verhaal vertelt de gevelsteen naast De Duif, waarin we de naam Vermeulen hebben ontcijferd. Het huis waarin de steen zit, is de voormalige pastorie van de kerk. Kerk en pastorie zijn in 1995 in handen gekomen van het Amsterdams Monumenten Fonds. Het AMF is op de laatste dag van de vorige eeuw gefuseerd met Stadsherstel, dat zich had gevestigd aan de andere kant van de gracht in de Amstelkerk. Jaap Vermeulen was commissaris bij het AMF. Hij heeft een grote rol gespeeld bij de totstandkoming van de fusie en werd ook commissaris bij Stadsherstel. Ruim een jaar later overleed hij tijdens een bergwandeling in Tanzania, 46 jaar oud. De steen is geplaatst als eerbetoon aan hem en werd op 7 februari 2002, precies één jaar na Vermeulens dood, door zijn vrouw en drie kinderen onthuld. Op de afbeelding zien we Jaap zelf over de brug van AMF (De Duif) naar Stadsherstel (Amstelkerk) fietsen.

Hotel Wiechmann

Duur nummer

DUUR NUMMER Met geveltuinen en gevelstenen zijn de mogelijkheden niet uitgeput om jouw stempel op de gracht te drukken. Wat ook kan: een koperen maantje als naambord en een koperen zonnetje als trekbel op de deurpost. Of: kunstvoorwerpen, poppetjes en speelgoed achter het raam uitstallen. Familiehotel Wiechmann, op de hoek van de Looiersgracht, heeft vier vensterbanken volstaan met een bonte verzameling: veertien theepotten, vijf koffiekannen, zeven antieke keukenmachines, zes geemailleerde zand- en sodabakjes en maatbekers. Een creatieve geest heeft in de blinde muur op de hoek van de Lauriergracht een nis gebouwd met een ruitje ervoor. In plaats van Maria en het kindeke, staat er een mannetje in met een aapje op zijn arm.

Op Prinsengracht 606, een klein huis vlakbij de Weteringstraat, woont Anne Marie van Vollenhoven. Naast een stoepje van drie treden staat, uitnodigend, een crèmekleurige houten bank. De luxaflex achter haar winkelruit is twintig centimeter opgetrokken, net genoeg om de aandacht te vestigen op een stapeltje boeken in de vensterbank. Op de ruggen staat: 'Duur Nummer—Anne Marie van Vollenhoven—Geen Uitgever'. Eén exemplaar staat rechtop. Een zwart-wit foto op het omslag: een jonge vrouw met donker haar achter een batterij lege en halfgevulde wijnglazen en twee brandende kaarsen zit te roken voor een schilderij met zonnebloemen. 'Een nieuwe stadsroman over geheime liefdes en bioscopen,' lezen we. Het boek is te koop voor 10 euro. De roman speelt zich af in het Amsterdamse filmwereldje.

Duur Nummer is deel twee in een reeks, vertelt de schrijfster; deel 1, *Liefde is Duur*, is al uitverkocht. We mogen het enige exemplaar dat ze bezit wel even lenen. Als we een paar maanden later weer eens langs fietsen, staat deel 3 in de vensterbank: *Gratis Monster*. Anne Marie van Vollenhoven komt net naar buiten. Ze aarzelt of ze zal gaan lopen of de auto nemen. In al haar boeken, vertelt ze, komen mensen voor uit de filmwereld. Geen naam is verzonnen, iedereen die erin voorkomt heet echt zo. Dus eigenlijk zijn het geen sleutelromans. Er komt één man in voor wiens naam niet wordt genoemd: 'Dat is mijn minnaar, van wie ik een kind heb. Het is niemand opgevallen, vind je dat niet gek?'

Anne Marie van Vollenhoven woont hier al jaren en is nog steeds verliefd op de Prinsengracht. ''s Avonds zie je overal licht branden en op de andere grachten is het donker. Dat komt doordat hier overal mensen wonen, en die dure huizen daar zijn kantoren.' Maar wat ze het mooist vindt aan de Prinsengracht: 'Iedereen doet wat anders.'

Op de Prinsengracht ben je nooit alleen. Niemand verschanst zich; er is geen strenge scheiding tussen binnen en buiten. Het is mooi weer. Op de trap zit een man te

REINIER GERRITSEN
HIER KLOPPEN

Bijmesten is niet
odig, dank u.
anuring is not
quired, thanks.

VRIJ LATEN
VOOR
ROLATOR

uRe so gay
and you don't
even like boys

dommelen met een boek op zijn knieën, een paar huizen verderop staat een groepje politieagenten te kletsen en een sigaretje te roken. Aan de overkant zit een jonge vrouw in de vensterbank. Haar linkerbeen bungelt buitenboord; druk gebarend voert ze een telefoongesprek, gevaarlijk. Op de hoek van de Runstraat is een buurtvergadering aan de gang. De gemoederen zijn verhit, iedereen staat, de koffiekopjes hebben ze op hun stoelen gezet die in een kring op het trottoir staan. De terrasjes bij de bruggen zitten vol, het gonst over het water. Bij Galerie De Passie, tussen de Raamstraat en de Passeerdersgracht, staan twee mannen in het zonnetje de houten voorgevel van de tentoonstellingsruimte naast de J. van Noortschool—nu Artemis Styling Academie—te schilderen.

De Prinsengrachters zijn goed in directe boodschappen. 'Reinier Gerritsen hier kloppen'—op een souterraindeur. 'Vrijlaten voor rolator'—op een hek bij een boom. 'Bijmesten is niet nodig, dank u/Manuring is not required, thanks'—op een zelfgemaakt bordje in een minigeveltuintje, waarop een poepend hondje is getekend met een rode streep erdoor. 'Morgen weer een nacht'—op een in de muur van koffiehuis De Hoek van Harry Schaft en Laura Heuvel gemetselde tegel. 'Roken bij de boom'—in de portiek van een verzamelgebouw van creatieve kantoren. 'You're so gay'—op een steegdeur. 'Wij zeggen NEE tegen bomenwildkapperij'—op een brievenbus.

De beheerder van het appartementencomplex bij de Frans Hendriksz. Oetgensbrug waarmee een kwart eeuw geleden een jarenlang gapend 'Gat aan de Amstel' werd opgevuld, heeft een hekel aan fietsers. Hij heeft geniepige, kleine bordjes laten maken die het parkeren van fietsen tegen zijn onvriendelijke gevel verbiedt: 'wegknipregeling'. De uitbater van het Exclusive Private Guesthouse Seven One Seven doet het in stijl: achter het raam staat op een koperen bordje 'bicycles will be removed'.

MUSEUMS De Prinsengracht heeft wereldfaam door een museum: het Anne Frank Huis. Elk jaar komen er meer dan een miljoen toeristen uit alle windstreken op af. Als je langs de Westerkerk komt, zie je ze altijd staan in lange rijen en in weer en wind. Geen bankjes, geen afdakjes. Na een halve dag wachten, mag je voor 8,50 euro eindelijk naar binnen.

Maar er zijn meer museums aan de Prinsengracht. Bij de Leidsestraat, verscholen tussen de koffieshops, zitten Smokiana en het Pijpenkabinet bij elkaar in een schitterend gerestaureerd, smal grachtenhuis. Je stapt binnen bij een tabaksjuwelier. Kasten en vitrines vol pakjes en blikjes tabak waarvan je het bestaan niet eens vermoedde. De irritante, van overheidswege verordonneerde, doodsbedreigingen op de verpakking zijn een beetje weggemoffeld. Er staan gepolitoerde ladekasten met ontelbare pijpen: krom, recht, lang, kort, hout, steen, zwart, wit,

Smokiana met Benedict Goes, Prinsengracht 488

Roken is dodelijk
W.Ø.LARSEN
SIGNATURE
W.Ø.LARSEN
1864
SKANDINAVIK
AROMATIC
VANILLA
Exotic
SKANDINAVIK
Vanilla
Sir William
Roken brengt u en anderen rondom u ernstige schade

Woonbootmuseum, bij Elandsgracht

donkerbruin, lichtbruin, tweekleurig, rond, ovaal, glad, bewerkt, peperduur, spotgoedkoop. In uitstalkasten, achter glas, zijn pijpen zorgvuldig neergevlijd, elk op een eigen draagring. Er is ook een vitrinekast met antieke tabakspotten en zilveren waterpijpen. Plus het diploma voor deelnemers aan een cursus pijproken.

Achterin de zaak zit, achter zijn computerscherm, Benedict Goes. Hij is één van de eigenaren en tevens auteur van het rijk geïllustreerde standaardwerk *25 eeuwen roken, de verwonderlijke vormgeving van de pijp.* 'Tussen de oudste tabakspijp uit precolumbiaans Equador en de modernste pijpmodellen liggen vijfentwintig eeuwen pijproken' staat achterop het boek. 'De kunsthistoricus Benedict Goes neemt de lezer mee op een denkbeeldige wereldreis langs tientallen landen en volken.' Daarmee is niets teveel gezegd. Goes vertelt over de prehistorie van het roken, de mogelijkheden van pijpaarde, de maatpijp — een Hollands handelsmerk, Frankrijk als nieuwe trendsetter, de geïsoleerde positie van Engeland, de verfijnde smaak uit de Levant, de charme van porselein en roken op z'n Chinees.

En dat kun je allemaal boven zien. Een smalle trap leidt naar het heiligste der heiligen: het Pijpenkabinet. Het hele pand is niet meer dan twee ramen breed en het museum omvat niet meer dan een halletje, een huiskamer, een serre en een smalle zijkamer. Maar je kunt je er urenlang vergapen aan een verzameling sieraden uit alle tijden en alle hoeken van de wereld. En heb je de wereldreis van het roken voltooid, dan is daar nog het door ambachtslui van topniveau in oude staat herstelde interieur. Je loopt naar het raam, je kijkt naar buiten, je ziet beneden het straatgewoel rond de Leidsestraat. En dat alles voor 5 euro. 'Museumbezoek is niet schadelijk!'

Je zou denken, dit is het kleinste museum van de wereld. Maar er is er nóg zo een op de Prinsengracht. Of liever in de Prinsengracht: het Woonbootmuseum, bij het Johnny Jordaanplein op de kop van de Elandsgracht. Dit museum gaat verscholen achter een krul en een wilde tuin langs de kade, waarin op een elektriciteitshuisje met koeienletters geschilderd staat: DE HEER IS MIJN HERDER. Boven het dek wapperen vier roodgeblokte theedoeken aan een waslijn waarop staat dat het museum O-P-E-N is. Hier is de toegangsprijs 3,50 euro.

Het museumpje is ondergebracht in de Hendrika Maria, een zeilend bedrijfsvaartuig uit 1914. Langs een steil trapje daal je af in de buik van het schip waar je kunt zien hoe een schippersfamilie leefde en woonde. Een samengeraapt zootje oude spullen, meer is het niet. In het vooronder wordt een korte film gedraaid met wat snapshots van woonboten, die de bezoeker onderweg al in het water van de Prinsengracht heeft zien liggen. Dit museum wordt, anders dan het Pijpenkabinet, in de Opstapper van het GVB wel als een van de ijkpunten tussen de Amstelkerk en de Westertoren gepresenteerd.

Tweelingdeuren

Er is er nog een. Bezoekers van het Anne Frank Huis worden er, als ze staan te wachten, naartoe verwezen door een wegwijzer in het Engels op de zijkant van een woonschip aan de overkant: Tulip Museum, toegang 4 euro. Het zit in het hoekhuis Egelantiersgracht/Prinsengracht. Erboven is een toeristenwinkel met de gebruikelijke souvenirs: bollen, tegels, koektrommels, serviesgoed en kaarten met tulpen, boekjes over tulpen, houten tulpen, stukjes zeep in tulpvorm en paraplu's met een tulpen handvat. Het museum zelf is ondergebracht in het souterrain. Daar wordt aan de hand van plaatjes aan de muur de geschiedenis van de tulp 'in vijf overzichtelijke stappen' getoond:

1 Out of the Wilderness: de herkomst uit Centraal-Azië en de Kaukasus.
2 The Sultan's Garden: Süleiman de Grote, 1520–1566.
3 Tulipomania: zeventiende eeuw in Nederland.
4 The Growing Fields.
5 Operating a Modern Tulip Farm.

Voor wie er nog geen genoeg van heeft — op de hoek van de Bloemgracht, in de Eerste Leliedwarsstraat, schuin tegenover de Westertoren, is het Theo Thijssen Museum ondergebracht in het geboortehuis van de schrijver. Toegang 2,50 euro.

TWEELINGDEUREN, POTHUIZEN EN SPIJLTJES Eigenlijk is de hele Prinsengracht een museum, het grootste museum van de stad, gratis toegankelijk en met de ene verrassing na de andere. Maar de grootste verrassing bieden de huizen van de Prinsengracht zélf. En dan niet zozeer vanwege hun hals-, tuit-, trap-, klok- of krulgevels hoog in de lucht, de lievelingen van de heemkunde. Maar om wat je op ooghoogte ziet.

De Prinsengracht is de gracht van de tweelingdeuren. Dat zie je niet meteen, maar zodra je het ziet, zie je niets anders meer. De huizen zijn niet alleen smal, ze worden ook nog verdeeld tussen benedenwoners en bovenburen. Die hebben hun eigen voordeuren, naast elkaar en identiek, als eeneiige tweelingen. Het zijn geen deuren van de Praxis of de Bouwmarkt, maar handgemaakte kunstwerken, met reliëf, bewerkte lijsten, onder- en bovenpanelen en bovenlichten.

Rondom de tweelingdeuren heen verschenen nieuwe deuren: souterraindeuren, zijdeuren en onderdeurtjes in pothuizen. Nummer 34, naast de Anjelierstraat, heeft op een breedte van tweeënhalve meter vier smalle deuren: twee in de diepte en twee boven een trapje, waarvan de linker via een halfrond zwevend bordesje bereikbaar is.

Dat is maar één voorbeeld van de manieren waarop er op de Prinsengracht met ruimte gewoekerd wordt en van de creatieve en fantasievolle oplossingen die de men-

Deurenfamilie

sen door de eeuwen heen, tot op de dag van vandaag, bedacht hebben om van niets iets te maken. De pothuizen bijvoorbeeld — die vreemde uitstulpingen langs de gevel, zo laag en piepklein. Het zijn oude bijkeukens en werkplaatsen, voor de 'prutsertjes', zoals Theo Thijssen hen noemde, met deuren waardoor je niet rechtop naar binnen kunt en raampjes niet groter dan een hand. En vergeet niet de driehoekige of halfronde souterrainramen met gebogen spijltjes naast de onderste treden van de buitentrap. Of de ranke hekjes langs het diepe trapgat naar beneden, en al die mooie trapleuningen.

De Prinsengracht is een totaalkunstwerk. Een schilderij van Breughel.

Zon's Hofje, Prinsengracht 159–171

3

DE INGEWANDEN VAN DE PRINSENGRACHT

Drie deuren naast elkaar, tussen de Brouwersgracht en de Prinsenstraat. Links een buitentrap met een leuning, rechts een diepe portiek. Daar tussenin een deur onder een grote gevelsteen waarop in sierlijke letters geschreven staat: Zon's Hofje. De deur zit niet op slot, je kunt zo naar binnen. Een donkere, smalle gang leidt naar een tweede deur die ook opengaat. Erachter is een mooie, oude, L-vormige binnentuin met drie picknicktafels. Wat een rust.

Het Zon's Hofje is bijna tweeënhalve eeuw oud. Het werd gebouwd voor alleenstaande, doopsgezinde vrouwen van boven de vijftig jaar. Het had ook een eigen schuilkerkje: De Arke Noach. Een kunstwerk boven een deur in de hoek van de L herinnert daaraan. Op een veelkleurige afbeelding leidt aartsvader Noach een hengst en een merrie, een stier en een koe, een ram en een ooi via een loopplank zijn schip binnen. Een uitbundige zon ziet dit tafereel met welgevallen aan. In de lucht cirkelen twee vogelparen, wachtend op hun beurt. Boven deze schildering hangt, in een witmarmeren nis, een klok met Romeinse cijfers boven zes dichtregels:

't Geloof heeft hier Gods Woord ontvouwd
De Liefde ons dit verblijf gebouwd;
De Hoop blijve ons geduurig noopen
Om op der Zielen Zon te Zien;
Den Tijd zorgvuldig uit te koopen
En dus tot de Ark des heils te vliên!

Wat de dichter bedoeld heeft, mag door de tijd wat vervaagd zijn, mooi klinkt het wel.

Begin negentiende eeuw woonde Jurriaan Andriessen met zijn gezin naast het Zon's Hofje. Hij was schilder van behangsel- en decoratiewerk. Zijn tweede zoon Christiaan trad in zijn vaders voetsporen en ging al jong naar de Amsterdamse Tekenacademie. Daarnaast assisteerde hij zijn vader met diens Vrouwenacademie—een school aan huis waar lessen in naaktmodelstudie werden gegeven. Christiaan zelf gaf daarnaast tekenles aan jonge dames. Hij schreef een ongebruikelijk dagboek, dat hij tussen 1805 en 1808 in het Zon's Hofje bijhield. In dit 'Journaal' maakte hij elke dag een tekening van het dagelijks leven op dit adres en op straat, met olijke onder-

Sjoerd Soetershofje, Prinsengracht 151

Gekraakte school van Thijssen, Prinsengracht 239

schriften. Najaar 2008, precies twee eeuwen later, werd het journaal van Christiaan Andriessen geëxposeerd in het nieuwe onderkomen van het gemeentearchief, 'De Bazel' in de Vijzelstraat.

In 1967 verliet de laatste bejaarde bewoonster het Zon's Hofje. Sindsdien wordt het bewoond door studentes.

Een eindje verderop, richting Brouwersgracht, is nog een hofje, twee eeuwen oud: het Hofje van Brienen, genoemd naar de oprichter, of Hofje De Star, naar de brouwerij die op deze plek heeft gestaan. Van buiten ziet het er voornaam uit: een brede, dubbele trap leidt naar een monumentale deur waarboven twee engeltjes zweven die een kruis dragen. Het stichtingsverhaal staat daar weer boven:

> Arnout Jan van Brienen, Heer van de Groote
> Lindt en Dortsmondt
> Benevens deszelfs echtgenoote Sophia Maria
> van Hf. Wassenaer Vrouwe van Stadt
> Aangemoedigd door erkentenis voor 's Hemels
> Genotene
> Weldaaden en door menschlievendheid gedreven,
> hebben
> Tot ondersteuning en huisvesting der noodlijdenden
> Dit gebouw gesticht in het jaar 1804

De bedoeling van déze auteur heeft de tand des tijds zonder problemen doorstaan. En weer wordt het kunstwerk bekroond door een klok met Romeinse cijfers in een dakkapel. Daarbovenuit wijst een spits klokkentorentje naar de hemel. Architect: Abraham van der Hart, stadsbouwmeester, schepper van het Maagdenhuis op het Spui en de inmiddels gesloopte Haringpakkerstoren die vrienden van de binnenstad zo graag zouden terughalen.

De toegangsdeur tot het hofje is beneden, aan de straat. Ook deze kan open. Je staat meteen op een ruime binnenplaats met een waterpomp in het midden. Aan drie zijden staan kleine woningen. De zoon van de oprichter decreteerde dat die bestemd waren voor bejaarde mannen en vrouwen van katholieken huize. Ze mochten nooit dronken zijn geweest en moesten minvermogend zijn, maar niet straatarm. De vrouwen hielden de huizen van de mannen schoon, de mannen waren verplicht water te pompen.

In 1995 kreeg woningbouwvereniging Het Oosten, tegenwoordig Stadgenoot, het complex in handen en liet het restaureren. Er wonen nog steeds ouderen met een smalle beurs, maar ze hoeven niet meer rooms te zijn.

Precies tussen deze twee goudklompjes uit het verre verleden in staat een roze taart met slagroom: nummer 151, ook een plek met geschiedenis. In 1844 werd hier, in een oud pakhuis, de Louise Bewaarschool gevestigd. In 1906, toen de school werd opgeheven, vond het Nederlands Schoolmuseum er onderdak — tot 1967. Het gebouw was net nog geschikt voor een Wit Warenhuis, een cash & carry-bedrijf, dat binnen tien jaar failliet ging.

Captain Marihuana tegenover de Noorderkerk

Schip Dogger en The Brother's Boat bij de Amstelkerk

De architect Sjoerd Soeters en zijn vrouw Merle ontdekten de bouwval eind jaren zeventig, toen ze op de Keizersgracht op huizenjacht waren. Ze kochten de oude troep met een groep andere geïnteresseerden en maakten er een hofje van voor mensen die het konden betalen. Zo kwam het Sjoerd Soetershofje tot stand—een zwaluw die, in een tijd dat de binnenstad van Amsterdam, de Prinsengracht in het bijzonder, aan leegstand en verloedering ten onder dreigde te gaan, een nieuwe lente aankondigde.

In de dertig jaar nadat Sjoerd Soeters, toen nog niet de gevierde architect die Amsterdam later het Java-eiland en de piramides tegenover de Markthallen schonk, samen met zijn vrouw Merle het lef had gehad het verval te lijf te gaan, is de Prinsengracht een nieuw leven begonnen. Er wordt weer gewoond. Door rijk en arm, krakers en studenten, ontwerpers en artiesten, jong en oud. Voor café Heuvel, bij de brug van de Spiegelgracht, ligt een opgelapte, ranke sleepboot. De eigenaar heeft hem een naam gegeven die de nieuwe geest van de Prinsengracht verwoordt: Krachtwijk.

HET WATERVOLK Café Marcella op de hoek van het Amstelveld heeft een smal terras langs de gevel. Het is een ideale uitkijkpost. Aan de overkant staat een rij huizen met een exemplaar uit elke eeuw. In het midden steekt er één boven zijn buren uit, zes bouwlagen hoog, twee schoorstenen in de nok met zinken kappen. De vleugelnootbomen op het Amstelveld hebben de kapwoede van de binnenstadsbestuurders overleefd. Langs de kade, vlak voor je neus, staan twee ouderwetse handkarren die dienstdoen als plantenbakken, aan weerszijden van een boom die aan zijn voet een keurig onderhouden tuintje koestert. Zo, dáár kunnen tenminste geen auto's staan.

Achter dit kadeparkje doemt een grote, groene schuit op. Het lijkt de Ark van Noach wel. Schip Dogger is de naam. De houten boot heeft een verweerde kop. Op het middendek, een ruimte tussen twee constructies die eruitzien als schuren, loopt een man nerveus heen en weer, op zoek naar een lek dat hij niet kan vinden. Dit is de oudste woonboot van Amsterdam, vertelt hij trots. De boot was ooit van de firma C. Dogger & Zn, handelaar in hout en kolen, die hier zijn waar verkocht. Toen Amsterdam op aardgas overschakelde, werd de kolenschuit een woonboot. Na de oorlog woonde Dunya Breur er, die de tekeningen van haar moeder Aat Breur-Hibma uit het vrouwenkamp Ravensbrück wereldkundig maakte. Schip Dogger heeft veel gezien.

Een eindje verderop, voor de deur van restaurant Nel in de Amstelkerk, ligt een rood wrak met een kluwen prikkeldraad op het dak: The Brother's Boat. Een wonder dat dit ding nog drijft en bewoond wordt. Het hout is aan alle kanten aangevreten, er missen hele planken, de muren zakken langzaam het water in. Het enige wat

nog rechtstaat, is de brievenbus op de wallenkant. Tussen die twee schuiten in ligt in het water een keurige burgermanswoning en aan de overkant, bij de voet van de Duif, de Victoria '93, een dekschuit met bungalow. Het schip is zachtgroen en zachtgrijs, heeft grote patrijspoorten, twee designcrapauds staan op de voorplecht en op het dak een tuintafel, tuinbank, tuinslangkatrol en een boeddha tussen geurkaarsen in glazen potjes en gestileerde plantenbakken. De buurman woont in een oud binnenschip. Die heeft kindjes langszij liggen: borrelsloepen en eenpersoontjes. Gemengd wonen in de gracht.

Bij openbare ruimte denkt iedereen aan straten, pleinen, parken en plantsoenen. Maar in Amsterdam hoort ook water in dit rijtje. De totale oppervlakte van de stad is 220 vierkante kilometer; bijna een kwart, ruim vijftig vierkante kilometer, is water. Dat water wordt intensief benut, voor vervoer en als afvalbak—de grootste vuilnisbelt van de stad ligt onder de waterspiegel. Er is veel pleziervaart: niet alleen van rondvaartboten, want de laatste jaren wordt in de zomer de rust op het water ook verstoord door een explosie van pretbootjes.

En er wordt op water gewoond. Amsterdam telt ongeveer 2500 woonboten, waarvan er ruim 800 binnen de grachtengordel liggen. Wonen op water is opgekomen na de Tweede Wereldoorlog, toen de woningnood groot was en veel binnenschepen uit de vaart werden genomen. Daaromheen is een hele cultuur ontstaan, ook op de Prinsengracht. Vanaf de bruggen zie je pas goed wat het watervolk allemaal heeft bedacht.

Beneden liggen de waterstraten, die de gracht zo smal maken dat de overburen elkaar bijna de hand kunnen schudden. De kapitein van de museumboot van Lovers —de Anne Frank Van Gogh Lijn—heeft al zijn stuurmanskunst nodig en moet voortdurend vaart minderen. Er zijn ook stukken Prinsengracht waar de woonschepen maar aan één kant mogen liggen of helemaal verboden zijn. Daar kan hij dan weer lekker gas geven.

De veelzijdigheid is verbluffend. Oude dekschuiten, verbouwde binnenschepen, kotters of botters, zeilschepen, Schöner Wohnen-creaties, boten met dak- en dektuinen, postmoderne pracht, rood, groen, turquoise, grijs, wit, bruin, blauw, beige. Bij warm weer is het altijd feest. Tussen oude vuilnisbakken en teilen met planten, heesters en bloemen staan, op de kade en op de dekken, picknicktafels, gezellige zitjes, ligstoelen, sofa's, zelfs een bed.

Bij de Elandsgracht heeft Josja, een woonbootbewoonster, op haar dek naast een divan, een altaar ingericht voor—alweer—een boeddha. De overhangende takken van de boom op de kade zijn versierd met lampions. Een eindje verderop ligt een helblauwe boot met helgele vensters en een helgroen grasdak, waar de eigenaar regelmatig met de grasmaaier overheen gaat. Diens overbuurman heeft op zijn zinken dak bossen uitgedroogd gras

DE BEVERSLUIS

Ter hoogte van Prinsengracht 858. Linksonder en rechts: Woonboot Wijntje. Linksboven: de woonboot van mr. drs. Hein Westerouen van Meeteren.

staan. Bezem en hark liggen langszij. Ieder stuk Prinsengracht heeft zijn eigen waterdorp.

Die woonboten zijn eigenlijk joekels, grachtenpanden in het water. De lengte is gelijk aan de hoogte van de huizen waarlangs ze liggen. Ze liggen er om nooit meer weg te gaan. De verbinding met de wal is allang geen simpel loopplankje meer. De bewoners hebben met poortjes, bogen en hekken ruime entrees gemaakt. Aan weerszijden van de rode loper is de kade stukje bij beetje in beslag genomen: door plantenbakken, tuinstoelen, zitbanken, tafels en fietsenrekken, tot complete bomen en struiken aan toe. Gesanctioneerd door de gemeente — met paaltjes.

Romantiek aan de grachtengordel? Voor de voorbijgangers en de toeristen zeker. Niet altijd voor de Prinsengrachters zelf, want waar moet je je auto laten met al dat groen? En soms is de ergernis nog groter.

Tegenover Prinsengracht 858, vlakbij de Amstel, ligt Woonboot Wijntje met zijn kont naar de huizen. Een blinde schutting met fietsenrekken, stroken onkruid langs de kade, een geul vol troep tussen wal en schip. Daar zul je maar elke dag op uitkijken. Aan de overkant, bij het politiebureau, ligt net zo'n geval: zwart, groen uitgeslagen, dicht, vies. Ook geen ramen aan de straatkant. Hier woont volgens het naambordje Mr. Drs. Hein Westerouen van Meeteren, in Conflictbemiddeling & Advies. In het dagelijks leven is hij ook nog politicus en mediadeskundige. Even journalist bij *NRC Handelsblad*, vervolgens docent Massacommunicatie. Politieke zwerfkei: lijsttrekker De Groenen voor de Tweede Kamer, kandidatenlijst D66, niet gekozen, D66 uit, weer terug, kandidaat lijsttrekker, verliest van Pechtold, medeorganisator handtekeningenlijst Openheid over Irak. Een indrukwekkende carrière, maar een monsterlijke boot. Niet alleen voor de politie, maar ook voor de overburen die bij hem naar binnen kunnen kijken. Wat ze zien, is een schuur waar een boer zijn varkens nog niet in kwijt wil. 'Ik word hier onwijs depri van,' zit op Hein z'n brievenbus geplakt. Wie niet?

FLARDEN GESCHIEDENIS Het huis op de hoek van de Looiersgracht is één van die karakteristieke huizen van de Prinsengracht die in een punt uitlopen, de huizen op de hoeken van de zijstraten en zijgrachten van de Jordaan die schuin op de gracht staan. Dit exemplaar, vier verdiepingen hoog, steekt als een toren boven zijn omgeving uit. De muren van baksteen zijn pikzwart geschilderd. Deze plek was ooit een trekpleister voor tout Amsterdam. Vier eeuwen geleden was er een tuin 'alwaer goê wijn en bier vercocht wert tot yders contentement', en in deze tuin werd een doolhof aangelegd. Er viel van alles te beleven: een beeldengalerij, wandelpaden, muziek. Boven de ingang stond:

Hoek Looiersgracht

Steeg van Villa Kakelbont, tussen Prinsengracht 615 en 625

Blijf voor deze Poort niet Staan.
Treedt Binnen Lieve Jeugdt het Doolhof
Bied u de Schoonste Vreugd
Fontein en Orgel Spel, Vertoning naar 't Leven
Dat Alles zal aan u Veel stof tot Blijdschap Geven.

Die poort bestaat nog steeds, Prinsengracht 338, twee huizen van de hoek. Het bord is verdwenen, maar grafitti-artiesten hebben dat gecompenseerd: deur en zijposten zijn uitbundig volgekliederd. Een jonge vrouw zet haar knalrode fiets op de standaard om de poort open te doen. Ze woont nog maar kort in Amsterdam, maar weet dat ze op historisch grond is beland. Vroeger zat er iets als een herberg boven de poort, vertelt ze. Nu zitten er vier appartementen aan een gang achter de deur.

Overal aan de Prinsengracht schieten flarden geschiedenis voorbij, onnadrukkelijk, bijna achteloos. Het verleden is geïntegreerd in het leven van alledag. Dit was hét *entertainment area* van de trotse koopmansstad, nu wonen er jonge Amsterdammers uit de provincie die hun eigen leven leiden. Overal zijn de deuren rijk voorzien van naambordjes en brievenbussen.

Halverwege de Vijzelgracht en de Noorderdwarsstraat staat een hoog huis met twee ramen, smal, verwaarloosd. Het huis heeft scheve tweelingdeuren op de begane grond, direct aan de straat, en een venster met vitrage. Met sierlijke letters staan de namen van de bewoners geschilderd: Ton van Duinhoven en Ina van Faassen. Twee godenkinderen uit de hoogtijdagen van het Nederlandse toneel. Ze wonen er nog steeds.

Recht tegenover Ton en Ina wonen Iris, Sharon, Brankele, Rose, Rosanne, Hannah, Miranda, Nienke, Klaartje en Annemartje in één huis. De bel van Sophie zit onder de trap, tussen de bel van de keuken en van het tuinhuis. Twee huizen verderop kun je terecht in het Amsterdams Instituut voor Gezins en Relatie Therapie.

Aan de oneven kant, tussen de Berenstraat en de Reestraat, staat een huis met een opvallende erker uit 1901. Onder de vensters zijn tegelplateaus met Jugendstilmotief gemetseld. 'TeHuis' staat erop. Vroeger was dit een 'vrouwenlogement' voor alleenstaande, werkende vrouwen, vertelt een bewoonster. Meestal waren dat dienstbodes van de Keizersgracht en de Herengracht die niet intern waren. Er wonen nog steeds alleen maar dames.

We duiken een doodlopende steeg in, één van de vele, schuin tegenover de Doolhof-poort. Het blijkt een druk bewoond dorpsstraatje te zijn, amper drie meter breed. Deuren, hekken, rekken, trappen, fietsen, plantenbakken, geveltuintjes ('Liever geen fietsen in de planten'), balkons. Aan het eind van de straat een hoge poort met massieve deuren. In de lijst erboven zit een bordje geschroefd: Villa Kakelbont. Achter de deuren begint een

Spiegelburght plus detail

Prinsenstede plus detail

nieuw straatje met witgepleisterde huisjes. In één daarvan, diep verscholen in de ingwanden van de Prinsengracht, zit een crèche die zo heet.

Vlak om de hoek van de steeg hebben bewoners, om de hypotheeklasten van hun grachtenpand te drukken, de begane grond ingericht als fietsenstalling. Achter het raam hangt een zelf gefröbeld plakkaat met een tekening van een gestalde fiets en wat mededelingen: voor informatie of aanmelding kun je een telefoonnummer bellen of een briefje met je naam, telefoonnummer en adres in de bus gooien. 'Wel zo handig voor fietsers', staat op een blauw stukje papier dat met cellotape op het venster is geplakt. Daarmee is niets te veel gezegd, want op de Prinsengracht barst het van de fietsen. Ook de kinderbakfietsenindustrie doet hier prima zaken.

Maar Prinsengrachters wonen niet alleen in knusse, scheefgezakte pandjes achter tweelingdeuren, in steegjes, woonboten en omgebouwde fabriekjes en werkplaatsen. Er staan ook huurkazernes uit de jaren tachtig en yuppenbunkers in verbouwde pakhuizen, scholen en bedrijven.

Je ziet ook veel dikdoenerij. Een dubbel pakhuis met een trapeziumgevel uit 1640, naast het Molenpad, is in 1981 omgebouwd tot appartementencomplex 'Keizerskroon'. Heeren Makelaars prijst het zo aan: 'Ooit gedroomd van wonen in een keizerskroon? Beleef die droom in een loft met een gouden randje!' Aan de overkant, op de hoek van de hoek Raamstraat, verrijst 'Prinsenraem'. Die ziekte om deftig te doen met quasi oud-Hollandse namen, heeft ook toegeslagen op de Prinsengracht: ''t Woonhuys', 'Spiegelburght', 'Prinsenstede'.

Het imposante gebouw 'Spiegelburght' uit 1920, vroeger een school, is van de architect A.J. Joling, die ook het 'Kasteel van Aemstel' aan de Nieuwezijds Voorburgwal en het botenhuis van Nereus in de Amstel heeft ontworpen. In 'Prinsenstede', al even imposant, was de bekende behangselfabriek van Rath & Doodeheefver gevestigd, vereeuwigd door de dichter Gerrit Achterberg:

> Op het behang van Rath & Doodeheefver
> staan de figuren die gij hebt gekend:
> een hart, een hand, een boomtak bloesemend
> en kinderschommels die naar voren zweven.
> De randen, door de ratten aangevreten,
> krullen aan de vier hoeken overend.
> Oud en verschoten, in zichzelf frequent,
> raakt het motief tegen de muur vergeten.
>
> Maar deze beelden stonden in uw ogen
> en deze ogen zijn uiteen gegaan.
> Hoe hoog en ver werden de schommelbogen.
> Het hart kreeg alle ruimte om te slaan.
> De hand wees mij de wegen naar het leven.
> De wereld bloeit. De dood is opgeheven.

soen

Het Nieuwe Suykerhofje, Prinsengracht 385–395

Het Deutzenhofje, Prinsengracht 857–897

VERBODEN TOEGANG Recht tegenover 'Spiegelburght' staat het Deutzenhofje. Dat is ook een appartementencomplex, maar dan écht oud-Hollands — uit 1695. Het is gesticht door de welgestelde weduwe Agneta Deutz. De rijkdom spat van de voorgevel af die versierd is met een vredespalm, een duif, vruchten en drie familiewapens onder vergulde kronen. Eén van de wapen, met twee gekruiste houwelen van goud, is van mevrouw Deutz zelf en de twee andere zijn van de twee echtgenoten die ze had overleefd: die met de twee getemde beren is van Zacharias van Beresteyn en die met een zwaarbewapende zeemeerman van Gerard Meerman. Ook hier is, net als bij het Zon's Hofje en Hofje van Brienen, het stichtingsverhaal voor de eeuwigheid in steen gehouwen:

> Agneta Deutz laat hier haar Liefde en
> Godsdienst blijken
> Den Armen tot een Troost tot voorbeeld
> aan den Rijken.

Het twintigtal woninkjes rond een fraaie binnentuin was bestemd voor 'behoeftige vrouwen van gereformeerde huize' boven de vijftig, die een arbeidzaam leven achter de rug hadden. Ze mochten geen sterke drank drinken of zonder toestemming bezoek ontvangen. Die strenge regels gelden vandaag niet meer, maar het Deutzenhofje wordt nog wel steeds bewoond door dames op leeftijd. Anders dan het Zon's Hofje en het Hofje van Brienen, aan het begin van de Prinsengracht, kom je hier niet zomaar binnen. In het portiek staan twee waarschuwingen: 'Verboden toegang art 461 WvS' en 'Videobewaking'.

Er is nog een hofje over tussen de Reestraat en de Berenstraat: het Nieuwe Suykerhofje.

Amsterdam was in de achttiende eeuw een suikerstad. Jaarlijks werd vijftig miljoen pond ruwe suiker ingevoerd uit de West en de Oost. Daarvan werd 45 miljoen pond geraffineerde suiker gemaakt in suikerraffinaderijen, waarvan er veel gevestigd waren aan de Prinsengracht. In de oude binnenstad herinneren allerlei namen aan die periode: 'Suykermolen', 'Suykerriet', 'Suykervat' en, in de Jordaan, het 'Suykerhofje'. Een vooraanstaande suikerbakker was Gerrit ten Sande. Hij had een grote raffinaderij aan het Rokin. In 1738 kocht hij voor 16.500 gulden een parsserij in de Parsserspoort aan de Prinsengracht. Parssen is het effen maken van stof, de laatste fase in de textielbereiding. Ten Sande herbouwde de parsserij tot zes gestapelde huizen met 27 woningen die hij bestemde voor oudere katholieke vrouwen in behoeftige omstandigheden. Op het bleekveld zette hij een kapel neer. Dit hofje noemde hij het 'Nieuwe Suykerhofje'. Gerrit ten Sande en zijn vrouw Maria de Groot hingen hun goede werken niet aan de grote klok.

In de jaren dertig van de vorige eeuw verlieten de laatste bewoonsters het hofje. De Gezondheidscommissie van

GELDER

Amsterdam had vastgesteld dat de woonvertrekken onvoldoende licht van buiten kregen en dat er te weinig kranen en privaten waren. Het hofje kwam op de veiling en werd voor 3701 gulden gekocht door de Gooise projectontwikkelaar Cornelis Nicolaas Willemse. Bouw- en Woningtoezicht adviseerde hem de hele handel te slopen. Willemse negeerde dat advies en verhuurde het hofje vanaf 1941 aan drie studenten die hem op een feestje hadden aangesproken. Ze zochten onderdak en wisten dat het hofje leegstond. Kraken deed je toen nog niet. De studenten konden het krijgen voor vijftig gulden per maand en om dat bedrag bijeen te sprokkelen, moesten ze er maar andere huurders bijzoeken. Willemse hielp ze ook nog de uitgewoonde woninkjes een beetje op te knappen. De bedsteden werden omgebouwd tot boekenkasten, maar de schilderachtig betegelde open haarden werden gespaard. Het was primitief wonen. Koken deed je in een driehoekig keukentje van anderhalve vierkante meter, iedere winter bevroren de waterleidingen en tussen de vloeren lag fijn zand dat steeds door de kieren naar beneden dwarrelde. Het was er ook extreem gehorig.

De drie pioniers richtten een 'kloosterorde' op met een 'abt' aan het hoofd en een echt 'kloosterreglement'. Nieuwe 'kloosterlingen' die in het 'Prinsenklooster' kwamen wonen, werden geselecteerd op 'passende hoedanigheden', zoals gemoedelijkheid, betrouwbaarheid, humor en gemeenschapsgevoel. De 'novieten' werden pas definitief aangenomen na een proeftijd van drie maanden tot een half jaar. De abt, die dagelijks toezicht hield, werd gecontroleerd door een 'kapittel'. Het belangrijkste was: geen ruzie.

Een paar keer per jaar kwam de heer Willemse langs voor een borrel. In 1963 werd hij beloond met een gedenksteen in het Latijn.

De kloostergemeenschap breidde zich snel uit. Behalve studenten werden ook kunstenaars, schrijvers, acteurs, journalisten en andere vrije vogels binnengehaald. Het hofje was een broedplaats, maar ook een toevluchtsoord. In de oorlog doken er verzetsmensen onder, na de oorlog vonden jonge mensen met problemen er vriendschap en geborgenheid, zoals Marcel Fresco, de latere bezorger van de gedichten van Andreas Dèr Mouw, die in de oorlog zijn hele familie verloren had, en Gerard van het Reve die, na de publicatie van *De Avonden*, het ouderlijk huis schielijk moest ontvluchten.

Het werd een commune, vertelt André Köbben, de godfather van de Nederlandse antropologie, abt van 1946 tot 1952. Köbben leerde er zijn vrouw Atie van Vessem kennen, de zuster van Liesbeth, de latere echtgenote van Joop den Uyl. Er werd intensief van elkaar geleend. Eén echtpaar had een koosjer servies. Er ontstond een ethische discussie of je dat zou mogen lenen. Sommigen zagen daar

E. VAN DILLEN

absoluut geen been in — je kunt het toch gewoon afwassen na gebruik? — maar anderen waren van mening dat het geen pas gaf.

In het najaar van 1998 viel het Nieuwe Suykerhofje ten prooi aan speculanten en projectontwikkelaars. De toneelschrijver en regisseur Lodewijk de Boer, die toen al zeventien jaar in de kapel werkte, moest eruit. Alles zou worden gerestaureerd, en De Boer kon terugkomen zodra de restauratie klaar was. Maar toen hij eenmaal was vertrokken, werd het complex meteen verkocht voor vier ton, een paar maanden later doorverkocht voor 1,2 miljoen gulden en nog weer later voor ruim 2 miljoen. Eind 2002 was de verbouwing klaar: het hofje met 27 'cameren' was omgetoverd tot vijf luxeappartementen.

De deur zit op slot. Op de stoep staat pontificaal de zuil met brievenbussen, bellen en intercoms die je vanaf de brug bij de Reestraat kunt zien. Zelfs de postbode mag niet naar binnen.

Het duikhuis van Annie Zadoks

4

SCHAKELS IN EEN KETTING

Prinsengracht 535, om de hoek bij de Runstraat. Een oud grachtenpandje, twee ramen breed en drie verdiepingen hoog, leunend tegen een opgeschoten puber die zich in 1900, met een overdaad aan erkers en balkons en betegelde portieken, tussen de kleintjes uit het vervlogen verleden heeft gewrongen. Bescheiden buitentrap naar de voordeur, boven het souterrain. De gevel is zwart, de crèmekleurige houten daklijst met vlieringluik en de hijsbalk zit goed in de verf. Typisch Prinsengrachthuisje, elegant.

Op alle vensterbanken staan bakken met geraniums. Rechts naast de voordeur zit een koperen trekbel, links hangt een lantaarn. Daaronder is in de muur een kleine gevelsteen gemetseld. Negenennegentig van de honderd voorbijgangers zien het niet. Maar het loont de moeite een paar treedjes de trap op te klimmen. Er staat een kikker op en de Latijnse tekst 'Quamquam sunt sub aqua'. Weer zo'n verborgen verhaal. En wat voor verhaal!

Nicolaas Marinus Josephus Jitta, in 1858 te Amsterdam geboren, studeerde geneeskunde aan de Gemeente Universiteit. Hij vestigde zich als oogarts en was één van de initiatiefnemers van de Vereniging tot Oprichting en Instandhouding van een Inrichting voor Ooglijders in de Spinozastraat, die speciaal voor de armen van de stad was opgezet. In 1899 werd Josephus Jitta gemeenteraadslid en in 1905 wethouder, belast met armenzorg en gezondheidszorg. De stad heeft veel aan hem te danken: het Zuiderbad, de modernisering van het abattoir, een schoolkliniek in het Binnen Gasthuis en de aanstelling van schoolartsen.

In 1904 kregen Josephus Jitta en zijn vrouw, na drie zoons, nog een dochter: het nakomertje Annie Nicolette. De vader nam het meisje vaak mee als hij met de koets op ziekenbezoek ging in de straatarme Jodenbuurt. Hij had daar veel patiënten die aan trachoom leden, een oogziekte die ontstaat door gebrek aan hygiëne en in grote delen van de Derde Wereld nog steeds veel slachtoffers maakt. De dokter zag het als zijn roeping deze vreselijke ziekte die tot blindheid leidt, uit te bannen. Josephus Jitta behoorde—met mensen als Sarphati, Treub, Coronel, Wertheim, Van Eeghen, Pierson—tot die exclusieve club van liberale, vaak Joodse regenten in Amsterdam, die zich onderscheidden door een sterke maatschappelijke betrokkenheid. Maar Josephus Jitta was ook een heer van stand

Prinsengracht 556

in een huis aan de Keizersgracht. Aan de Prinsengracht woont 'ons soort mensen' niet. Daar dacht zijn dochter anders over.

Annie Josephus Jitta was misschien een meisje, maar ze ging wel naar de universiteit. Ze studeerde kunstgeschiedenis in Leiden. In 1932, 28 jaar oud, promoveerde ze op Romeinse voorouderportretten bij professor Geerto Snijder, autoriteit op het gebied van de Romeinse archeologie aan de Gemeente Universiteit van Amsterdam. Een eigenzinnige keus, want in die tijd was de belangstelling van archeologen in Nederland vooral gericht op Griekenland: Griekenland was een democratie, Italië was fascistisch. Drie jaar na haar promotie verscheen de eerste druk van *Antieke Cultuur in Beeld*, een boek dat voortdurend herdrukt is. En haar driedelige werk over in Nederland gevonden Romeinse munten is nog steeds een standaardwerk.

Ze trouwde met de advocaat Kees Zadoks, die in het begin van de oorlog als Jood werd weggevoerd en niet meer terugkeerde. Annie Zadoks dook onder. Haar 'duikhuis' was Prinsengracht 535, waar ze met met zeven anderen ondergedoken zat. 'In zo'n situatie,' vertelde ze op hoge leeftijd in *NRC Handelsblad*, 'wordt er heel wat afgeroddeld—veel anders heb je niet te doen. Iemand vergeleek ons destijds voor de grap met de in kikkers veranderde boeren uit de *Metamorfosen* van Ovidius.' Het volledige citaat luidt: 'Quamquam sunt sub aqua, sub aqua maladicere temptant' en betekent: ook al zitten ze onder water, dan nog proberen ze onder water te roddelen. Spreek het snel uit, en je hoort de kikkers kwaadkwaken.

Tijdens de oorlog werkte Annie Zadoks bij de gemeente, onder een schuilnaam. Toen kwam er ook een derde druk uit van haar *Antieke Cultuur in Beeld*, maar op het omslag stond een andere auteur, namelijk Elisabeth Visser. Annie Zadoks heeft nooit een voet in de synagoge gezet. 'Ik ben niet Joods,' zei ze altijd, 'ik ben Amsterdammer.' Zij en haar weggevoerde echtgenoot kwamen uit volstrekt geassimileerde families: Annie en Kees—Hollandser kan niet. Over de oorlog wilde ze later niet praten. 'Het beste advies dat ik van mijn psychiater heb gekregen, was vitamine C tegen verkoudheid.'

Na de bevrijding kocht Annie Zadoks-Josephus Jitta het huis waar ze ondergedoken had gezeten en ging er wonen. 'Mijn ouders zouden zeggen dat ik ben afgezakt, want ik ben geboren aan de Keizersgracht en in die tijd woonde "men" niet aan de Prinsengracht.' Ze werd een kikkerverzamelaarster—bezoekers kwamen niet binnen als ze geen kikker bij zich hadden—en liet de gevelsteen met de mysterieuze woorden naast haar voordeur aanbrengen. De kikker was voor haar het symbool van regeneratie, nieuw leven.

In 1954 werd Annie Zadoks hoogleraar archeologie in Groningen, maar haar duikhuis bleef haar thuisbasis. Ze

was verknocht aan de Prinsengracht. Op de beletage hield 'Mevrouw Zadoks' (niemand haalde het in zijn hoofd haar te tutoyeren) salon, op een bank voor het raam, met sherry en zoutjes voor haar hofhouding. Haar eigen lievelingsdrank was Punt è Mes, een dure Italiaanse vermouth. Ze was ook kettingrookster, met een voorkeur voor Three Castles, een Engelse Virginiasigaret. Annie Zadoks was habitué in Veilinghuis De Eland, op vijf minuten lopen van haar huis. 'Zo kocht ze opeens een schilderij van Fernhout dat een prominente plaats kreeg in haar kamer vol achttiende-eeuwse meubelen en negentiende-eeuwse accessoires,' vertelt een van haar oude vrienden.

In het kikkerhuis had Annie Zadoks ook een collectie Romeinse munten, bronzen en terracotta beelden. De verzameling was niet groot, maar volgens kenners bijzonder. Ze had altijd huurders. Fiep Westendorp, die de boeken van Annie M.G. Schmidt illustreerde, zat een tijdje op de bovenetage. De twee dames konden niet goed met elkaar overweg. Mevrouw Zadoks had liever homo's in huis, dat vond ze van die keurige en rustige jongeheren. Die hoefden niet veel huur te betalen, als ze maar op het huis pasten en voor de kat Claudius zorgden als ze zelf in Groningen zat. Als ze 's avonds laat uit Groningen terugkwam, dronk ze graag nog een borreltje met haar jongens. Tot haar huishouden hoorden ook twee hondjes. Die gingen mee naar Groningen en waarschuwden haar als een vergadering te lang uitliep.

Het huisje met de kikkers werd in de loop der jaren het zenuwcentrum van de Nederlandse archeologie. Iedereen die wat betekende in die wereld, had bij Annie Zadoks gestudeerd en was bij haar kind aan huis. Ze sprak over 'mijn familie'. Robert Lunsingh Scheurleer, de latere directeur van het Allard Piersonmuseum in Amsterdam, kwam al als jongetje bij 'tante Annie' over de vloer en projectontwikkelaar Paul Geertman, zoon van het archeologenechtpaar Herman Geertman en Maria-Beatrice Annis, logeerde er in zijn jeugd met zijn broer. De 'opvouwbare' wc in de gang was voor de jongens een belevenis. In de keuken was geen schoon glas te vinden, herinnert Paul Geertman zich. Annie had een prachtig Wedgewoodservies in de vorm van groene koolbladeren. Voor haar gasten richtte ze altijd een feestmaal aan van spinazie met gebakken kippenlevertjes en uitjes. In het voorjaar kon je haar een groot plezier doen door wat kievitseieren voor haar te kopen bij Dikker & Thijs op de hoek van de Leidsestraat.

Tot op hoge leeftijd is Annie Zadoks de Prinsengracht trouw gebleven, maar ze werd doof en steeds vergeetachtiger. Nadat er een keer bij haar ingebroken was en de beste stukken van haar collectie waren gestolen, heeft haar zoon — in de oorlogsjaren ondergebracht in Friesland, later hoogleraar geworden aan de Landbouwuniversiteit van Wageningen — voor haar een plekje gevonden in een verzorgingshuis. Ze overleed in 2000 op 95-jarige

Rarekiek

leeftijd. Wat er over was van haar verzameling ging voor één gulden naar het Allard Piersonmuseum. De salon is door de huidige bewoners ingericht als kinderkamer.

PRINSENGRACHT-CONSTELLATIE Soort zoek soort is een van de axioma's die door de collegezalen van de planologen, geografen, sociologen, architecten en stedenbouwkundigen galmen. Mensen zijn gelukkig als ze tussen gelijkgestemden wonen. Zie de naoorlogse voorsteden, zie de moderne Vinexwijken — het is allemaal koekoek eenzang. Dat is de grote misvatting van de twintigste eeuw. Het bewijs wordt kant en klaar geleverd in Amsterdam, waar de tuinsteden verkommeren en de verguisde negentiende-eeuwse gordel vitaler is dan ooit.

De Prinsengracht heeft nooit een monocultuur gekend. Vier eeuwen lang is zij bij uitstek een gemengde buurt gebleven: markten, winkels, werkplaatsen, fabrieken, kantoren, brandweer, ziekenhuis, politiebureau en bewoners uit alle rangen en standen. En zo zijn er steeds opnieuw kringen ontstaan van mensen die elkaar opzochten omdat ze iets gemeen hadden en elkaar inspireerden.

Op nauwelijks tien meter van het kikkerhuis, bij de hoek van de Runstraat, staan twee pothuisjes — aan weerszijden van een houten trap naar de voordeur van het hoekhuis. Het rechter huisje heeft een eigen ingang. Daar kwam tot tien jaar geleden een andere kring samen: liefhebbers van Afrikaanse kunst. De pothuizen stonden vol met Afrikaanse beelden en maskers van kunsthandel Rarekiek, gedreven door Ger Lambrechts, een lange, broodmagere man, voormalig poppenspeler, en zijn vrouw Tine van Osch die door de cliëntèle 'Harekiek' werd genoemd. Het echtpaar verkocht interessant spul voor de fijnproevers. Maar door de week kwamen soms ook zwarte jongens met weekendtassen aankloppen, vol Afrikaanse kunst — gisteren vervaardigd, maar met fietskettingen en afbijtmiddelen snel antiek gemaakt. In de winkel drong het daglicht niet door. Je mocht blij zijn als je heelhuids beneden kwam, zo steil en smal is het trapgat. Elke zaterdagmiddag zat het er vol en ging de jeneverfles kwistig rond. Wie iets wilde kopen, moest niet tegen sluitingstijd binnenstappen want dan was het te druk en te gezellig om nog zaken te doen.

In 1938 kwam de schrijfster Hella Haasse als jonge vrouw uit Nederlands-Indië naar Amsterdam voor de studie. Haar ouders, die in de kolonie achterbleven, hadden haar bij familie ondergebracht. Dat hield ze niet lang vol. Ze verhuisde naar de Prinsengracht — het stuk tussen de Vijzelgracht en de Reguliersgracht. Daar woonde ze op tweehoog, met drie ramen op de gracht.

'Als de zon scheen wemelde de weerkaatsing in tintelende vlekken op het behang,' schrijft Haasse in *Zwanen schieten*, een van haar autobiografische boeken. 'Ik zat vaak op de venterbank te kijken naar de wolken, de steeds veranderende lichtval op de gevels aan de overkant, de voorbijvarende schuiten. Hier voelde ik mij werkelijk in Amsterdam, anders dan die deftige maar saaie straat in

Het huis van Jan Pieter Heije

Het huis van Isaac da Costa

Oud-Zuid, waar ik aanvankelijk, kersvers uit Indië, keurig en veilig "en famille" onder dak was gebracht.'

Toevallig had haar moeder, die concertpianiste was, in een huis schuin tegenover ooit pianoles gehad. En vijfenveertig jaar later was haar jongste dochter ook op dit stuk van de Prinsengracht komen wonen, vlakbij de Noorderdwarsstraat, en zag Haasse hoe haar kleindochter de eerste fietslessen kreeg op de stoep. Die 'magische zone' van een paar honderd meter is in haar hoofd de 'Prinsengracht-constellatie' gebleven. Zulke 'magische zones' zijn er altijd geweest.

Het middelpunt van zo'n Prinsengracht-constellatie was, begin negentiende eeuw, de arts Jan Pieter Heije, oprichter van het Prinsengrachtziekenhuis. Heije schreef onder de naam Piet Bogcheljoen—de 'Vondel uit de achterbuurt'—liedjes voor het volk die door collega-arts J.J. Viotta op muziek werden gezet. Hij woonde op nummer 985—in Haasse's magische zone—en hield daar literaire bijeenkomsten. Een eindje verderop, aan de overkant, woonde Isaac da Costa: Prinsengracht 836. Da Costa, een tot het orthodox-protestantisme bekeerde orthodoxe Jood, was een beroemdheid in zijn dagen, vooral door zijn brochure *Bezwaren tegen den geest der Eeuw.*

Vrijdag 8 januari 1836 kreeg Heije bezoek van de jonge, Leidse theologiestudent Nicolaas Beets die een weekje in Amsterdam logeerde. Heije ging 's middags met de getalenteerde dichter en schrijver, die twee jaar later naam zou maken met zijn *Camera Obscura,* eerst naar de Keizersgracht, op visitie bij collega Jacob van Lennep die net begonnen was aan zijn historische roman *De Roos van Dekama*. En 's avonds gingen ze naar het huis van Da Costa die een voorlezing hield. Beets beschreef die avond uitvoerig in zijn dagboek:

> Men liet ons in een ruim vertrek, suite van de voorkamer met wijdgeopende porte brisée. Beide vertrekken met smaak, ja rijk gemeubileerd. In de voorkamer hing een mansportret, levensgroot, door bekwame hand geschilderd, van een jong man, waarschijnlijk niet van Da Costa's familie, gemerkt het eerder Noordsche van zijn voorkomen. In de suite verscheiden pastels, Ruben's afneming van het kruis; een Johannes den D. met het Lam. De toehoorders zaten voor het grootste gedeelte aan lange met groen laken gedekte en met schrijfgereedschap voorziene tafels; andere in de vensterbanken of op de aanwezige sofa's. Ik schatte hun getal op dertig. Het geheel had een zeer fashionable, ja zelfs élégant voorkomen. Aan het boveneinde der lange aaneengezette tafels zat Da Costa, zeer net in 't zwart gekleed.

De gastheer mag tot het ware geloof zijn bekeerd, voor Beets bleef hij een vertegenwoordiger van het 'oude volk':

Toneel en muziek

Prinsengracht 293: hier stond het huis van Frank van der Goes

> Da Costa is een klein man. Zijn gelaat is bleek, van de pokken geschonden, en niet schoon; evenwel interesseert het u. De Joodsche trekken zijn grootendeels, schoon niet geheel uitgewischt, en worden onder sommige omstandigheden, vooral wanneer hij met verachting spreekt, weder opgewekt. Zijn oogen zijn van een donkerbruin en levendig. Zijn haar kort, zwart en stug. Toen wij binnenkwamen was hij reeds begonnen. Da Costa heeft juist die keelstem der Oosterlingen, die hen in staat stelt de Ain uit te spreken.

Eind negentiende eeuw ontstond er weer zo'n kring —nu in het huis van Frank van der Goes, Prinsengracht 293 bij de Westermarkt. Van der Goes was, net als Jan Pieter Heije, een veelzijdige man—literator, politicus, journalist. Hij was één van de oprichters van de SDAP, vertaalde *Das Kapital* van Karl Marx, schreef een vlammend protest tegen de veroordeling wegens majesteitsschennis van Ferdinand Domela Nieuwenhuis en stond aan de wieg van het literaire tijdschrift *De Nieuwe Gids*. De deur van zijn huis stond altijd open voor schilders, beeldhouwers, acteurs, schrijvers en dichters. Er werd gegeten, gedronken, gediscussieerd en voorgelezen door de Tachtigers.

Op 17 januari 1883 kreeg Lodewijk van Deyssel een invitatie van Frank van der Goes om de volgende avond langs te komen. Frederik van Eeden zou zijn blijspel 'Het Poortje of de duivel te Kruimelburg' voorlezen. 'Er zullen nog enkele vrienden komen die uw kennismaking op prijs stellen,' schreef Van der Goes: de dichter Willem Kloos en de Prinsengrachtbewoners Mendes Da Costa (nummer 724), beeldhouwer, en Arnold Isingh jr. (achtereenvolgens de nummers 568, 396, 300), acteur.

Van Deyssel mocht zelf ook voorlezen, elke keer als hij weer een hoofdstuk af had van zijn magnum opus 'Een Liefde'. Onder zijn gehoor zat de dichter Albert Verwey, aan wie Van Deyssel zich gruwelijk ergerde, zó erg dat hij het jaren later nog wist. Verwey had er niets van begrepen, het was 'heelemaal glad langs hem heen gegaan'. Gelukkig was Kloos bijgesprongen:

> Ik heb tegen Verwey gezegd, dat ik er stupéfait van was. Ik zeg, dat dit het beste hollandsch is wat er ooit is geschreven. Je hebt allerlei nieuwe kombinaties van klanken gevonden. Ik denk, dat Verwey wel eens zoo ver komen zal, dat hij 't begrijpen zal.

De vrienden hadden het niet altijd over verheven zaken. Arnold Isingh, ook vaste gast bij Van der Goes, was goed bevriend met de schilder Willem Witsen. Ze maakten zich vrolijk over die *Wichtigmachers* van *De Nieuwe Gids*: 'Zeg Wim, wat zijn Kareltje en Chap en Kobus nijdig!' schreef Isingh in mei 1894 aan Witsen.

Prinsengracht 1087–1091, huis en atelier van Thérèse Schwartze

> Ze moeten maar een ombertje met elkaar maken, en o! o! o! ze hebben de proeven niet nagezien! Die lui merken niets dan zichzelf, maar heel akelig; ze vinden het niet eens grappig dat ze in hun eigen strikken, zoo netjes vast zitten.

Isingh was niet erg honkvast, maar hij had een voorliefde voor de Prinsengracht. 'Wimpie, ik ga met Juni op een ongemeubileerd bovenhuis wonen, Prinsengracht bij de Leidsche Gracht, voor *f* 260,' schreef hij Witsen in dezelfde brief.

> Hoe vind je dat, schelm? Nu zal ik een bed koopen, en twee stoelen met een tafel, waarvoor ik *f* 300 heb geleend. Het is bedonderd dat je hier niet woont, want dan zou ik je vragen mij te helpen om een kleed te leggen, den boel te behangen en de gordijnen op te hangen, want daar ben ik te dik voor. Ik stel er mij veel van voor om in plaats van naar honden en Maria's Stuart naar je etsen te kijken. Er moet ook een glazen deur, die heel leelijk is worden weggemaakt. Het gaat niet, als jij mij aan mijn lot overlaat.

De gezette toneelspeler—aartsroddelaar, scharrelaar, bietser, levensgenieter—correspondeerde uitvoerig met de hele kring. Nee, nooit over culturele vraagstukken.

Aan Wimpie Witsen:

> Zondag was ik gevraagd bij Goes, met Huzzle en Batavier! Bij deze Heeren hoor ik eigenlijk niet thuis, maar Goes had een Gans, gevuld met kastanjes, gehakt enz. en een reusachtige rhumpudding. Die schotels herinnerden mij aan kalkoenen en andere groote dieren, die wij, lang geleden, bij Goes op de Prinsengracht, met Karel, Van Looy, Willem, Aletrino opaten.

Aan Lodewijk van Deyssel ('Beste Karel') veel later:

> Met weemoed herinner ik mij de avondmalen, die Goes ons op de Prinsengracht aanbood in het groote huis, de diners in Riche, de brillantine en parfums, waarvan hij gewoon was zich te bedienen, zijn hoogen hoed en hoffelijke gebaren en zijn geestige stukken over Litteratuur.

Die tijd was voorbij: 'Met mijn gezondheid gaat het beter door weinig rooken en drinken. Biertjes zijn o.a. geheel afgeschaft. Ik heb uitzetting van het hart. Veel liefs ook voor vrouw en kroost.'

DE HOOGSTE KRINGEN In diezelfde tijd woonde op Prinsengracht 1091, vlakbij de Amstel, Thérèse Schwartze, portretschilderes van naam en faam. Haar familie was oorspronkelijk Duits. Ze had het schildersvak geleerd van haar vader Johann Georg Schwartze, die weliswaar in Am-

Prinsengracht 856: uitgeverij De Spieghel

sterdam was geboren, maar pas na veel omzwervingen in Amerika en Duitsland halverwege de negentiende eeuw definitief als schilder op de Prinsengracht ging wonen. Hij bouwde een wijdvertakt netwerk op dat reikte tot in de allerhoogste kringen.

De belangrijkste schakel was Gijsbert van Tienhoven: hoogleraar Romeins recht, wethouder van Financiën, burgemeester van Amsterdam, minister van Buitenlandse Zaken. Van Tienhoven introduceerde dochter Thérèse aan het hof. Al in 1881, dertig jaar oud, kreeg ze haar eerste koninklijke opdracht: een portret van koningin Emma met de eenjarige prinses Wilhelmina. Er volgden nog vijf opdrachten van de familie Van Oranje. De climax was haar portret van Wilhelmina toen zij koningin werd in 1898.

Thérèse Schwartze schilderde zich rijk: ze verkocht per jaar gemiddeld twintig portretten en genrestukken voor duizend gulden per stuk. Dat betekent een jaarinkomen van twintigduizend gulden, omgerekend naar vandaag zeker een kwart miljoen euro. Ze kocht in 1904 het buurhuis Prinsengracht 1089 erbij en liet de architect Eduard Cuypers, een zoon van de grote Pierre Cuypers, een hoog atelier met plat dak op de samengevoegde zolderverdiepingen bouwen. Nog weer negen jaar later kocht ze het buurhuis op nummer 1087 erbij, waarvan de zolder aan het atelier werd toegevoegd. Ze liet daarboven ook een kleine expositieruimte inrichten, De Roode Kamer, die tevens diende als ontvangstruimte voor klanten, vakgenoten en kunstcritici.

Thérèse Schwartze was getrouwd met de hoofdredacteur van het *Handelsblad.* In het Schwartzehuis woonden nog meer familieleden, zoals de beeldhouwster Georgine Schwartze en haar nichtje Lizzy Ansingh, die van haar tante de eerste tekenlessen kreeg. Tante Thérèse moedigde haar aan en bracht haar in contact met de kunstenaars die zich in groten getale aan de Prinsengracht vervoegden. Niet alleen beroemde Franse impressionisten, ook schilders als Breitner, Mondriaan en Maris. Rondom Lizzy Ansingh vormde zich vervolgens weer een nieuwe kunstenaarsgroep: de Amsterdamse Joffers.

Het atelier van Lizzy Ansingh was op de Herengracht, boven het architectenbureau van de familie Baanders en Michel de Klerk, de jonggestorven, geniale grondlegger van de Amsterdamse School. Lizzy had een verhouding met Herman Baanders, de architect van het Amsterdams Lyceum en het Theehuis in het Vondelpark. Herman Baanders was de enige commissaris van naamloze vennootschap De Spieghel. En De Spieghel stond voor de in 1926 door twee vriendinnen opgerichte uitgeverij, die in 1928 verhuisde naar Prinsengracht 856. Het Spieghelhuis, zoals de uitgeverij werd genoemd, was schuin tegenover het Schwartzehuis. Lizzy Ansingh en andere joffers hoefden alleen maar de brug bij de Utrechtsestraat over te steken om er te komen. En dat deden ze vaak, want zowel Lizzy als haar mede-Joffer Nelly Bodenheim waren als illustratoren nauw bij de uitgeverij betrokken.

Schakels die een ketting vormen.

Het Spieghelhuis

De twee oprichtsters van de uitgeverij waren Tine van Klooster en Koos Schregardus, beiden afkomstig uit Groningen. Tine had in Amerika gestudeerd en was in Groningen gepromoveerd op de Amerikaanse schrijfster Edith Wharton. Kort na haar promotie in 1924, ze was toen net dertig, zocht ze haar geluk in Amsterdam. Ze streek neer in de Concertgebouwbuurt. Drie maanden later, in januari 1925, kwam Koos Schregardus ook naar Amsterdam en ging op de Amsteldijk wonen. In juni van dat jaar trok Tine bij haar in. Ze waren beiden verzot op auto's en motoren.

In augustus richtten de twee vriendinnen, met een twintig jaar oudere kinderboekenillustrator, uitgeversmaatschappij De Branding op. Na een half jaar viel de zaak uiteen. Daarop begonnen de dames, op 1 maart 1926, uitgeverij De Spieghel op hun huisadres. Hun vignet was een zandloper, hun devies: 'Elck syn tijdt'—de zinspreuk van Roemer Visscher. Twee jaar later zaten ze op de Prinsengracht.

Koos deed de zakelijke kant; zij onderhandelde met drukkers en auteurs. Tine bepaalde het karakter van het fonds en vertaalde boeken die ze zelf uitgaven. Onder meer van Paul Brunton, een Britse wijsgeer, mysticus en reiziger: *Verborgen Wijsheid*, *Geheim Egypte*, *Hooger dan Yoga*, *De spirituele crisis van de mens.* Ze gaven niet alleen esoterica uit, ook dichtbundels van A. Marja en Hendrik de Vries, boeken over Vincent van Gogh en Hildo Krop van Jos de Gruyter en over moderne schilderkunst van Paul Citroen.

De 'Twee Spieghels' waren ook actief op de tijdschriftenmarkt. *De Vrije Bladen*, maandblad voor kunst en literatuur, opgericht in 1924, kwam in 1928 in handen van De Spieghel. In 1931 ging Menno ter Braak, die De Spieghel maar een 'idylle-zaakje' vond, op zoek naar een andere uitgever. Toen in 1932 *Forum* werd opgericht, zakte de oplage van *De Vrije Bladen* en maakten de uitgeefsters er een 'cahier' van. Daarin publiceerde Bep Vuyk verhalen, Vestdijk gedichten, Gerrit Rietveld een essay over 'Nieuwe zakelijkheid in de Nederlandsche architectuur'. Ook Jan Engelman, Jan Greshoff, Abel J. Herzberg en Clara Eggink werkten eraan mee.

Victor E. van Vriesland was redacteur van *De Vrije Bladen* en dik bevriend met Tine en Koos. Zijn bloemlezing *Spiegel van de Nederlandsche poëzie door alle eeuwen* (deel I, 1939) was een bestseller en is een halve eeuw lang, tot de nieuwe bloemlezing van Gerrit Komrij, een bijbel gebleven voor iedere liefhebber van de Nederlandse dichtkunst.

Een ander tijdschrift dat ze uitgaven was *Kroniek van Hedendaagsche Kunst en Cultuur*. Het werd een van de belangrijkste kunsttijdschriften van het interbellum, progressief, tegen het fascisme. Medewerkers waren onder anderen Jan Greshoff, Albert Helman, Kees Kelk (die een paar huizen verderop woonde, Prinsengracht 838), Eddy

Prinsengracht 753, het Wibauthuis

Prinsengracht 757, bier en tafelwater

du Perron, en toch ook weer Ter Braak. Zelfs grote Franse auteurs als André Malraux en Paul Valéry leverden enkele bijdragen. En wat te denken van de vrouwenbladen *Vrouw en Gemeenschap* en *Maandblad van de Nederlandsche Vereeniging voor Vrouwenbelangen en Gelijk Staatsburgerschap:* voorlopers van *Opzij*, midden jaren dertig.

Er kwam heel wat volk in het Spieghelhuis op de Prinsengracht. Iedereen die ertoe deed, kende elkaar via Tine van Klooster en Koos Schregardus. Het Spieghelhuis was een beschavingsatelier, waar door twee Groningse meiden de hele Nederlandse cultuur aan elkaar geschakeld werd. Tot 1942. Toen stelde de Duitse bezetter de Kultuurkamer in. De Spieghel was één van de weinige uitgeverijen die weigerde toe te treden. Tine en Koos moesten 21 maart tot liquidatie overgaan, waarna een groot deel van het fonds werd ondergebracht bij Ploegsma en L. J. Veen.

BRUTUS HEEFT REEDS GELUNCHT Cronenburg is een torenflat aan het andere eind van de wereld—aan de rand van Buitenveldert, tussen het Gijsbrecht van Aemstelpark, sportterreinen en het Amsterdamse Bos. Ver boven de boomgrens woont Mathilde Wibaut, de legendarische 'juffie' van de 10de Montessorischool in de Balboastraat, hartje De Baarsjes.

Tiel Wibaut is de kleindochter van Floor Wibaut, wethouder, en Mathilde Berdenis van Berlekom, kinderboekenschrijfster en vertaalster. Zij is de dochter van Floor Wibaut jr., oogarts, en Fie Bastert, actief in de vrouwenbeweging, de reclassering en de gezinsvoogdij en steun en toeverlaat van de dichteres Henriëtte Roland Holst, haar 'tante Petje'. Haar zuster is Jos Wibaut, stedenbouwkundige en actievoerster tegen de Amsterdamse metro en de banken in de Vijzelstraat, en nicht van Constance Wibaut, beeldhouwster, Johan Witteveen, oud-minister van financiën, en Johan van Gogh, werkzaam bij BVD en vader van Theo.

Tiel Wibaut is in 1920 geboren op Prinsengracht 753, tussen de Leidsestraat en de Nieuwe Spiegelstraat. Zodra ze de deur van haar flatwoning opent, ben je thuis. Overal boekenkasten, muziek van Debussy op de piano, schilderijen, etsen en tekeningen aan alle muren, veel foto's van poezen. In de zitkamer hangt in een hoekje een meisjesportret. Zijzelf? Nee, haar twee jaar oudere zusje Jos, overleden in 2003, getekend door de architect S. de Klerk. Die heette toch Michel? 'De S,' vertelt Tiel, 'staat voor Sam. Zijn eerste baas, de beroemde architect Cuypers, noemde hem zo. "Jodenjongens heten allemaal Sam," zei Cuypers.' Er is iets met dat ontroerende portretje. 'Zien jullie het niet? Een architect die hier een keer op bezoek was, zag het meteen: zes vingers!' Maar, vergoelijkt Mevrouw Wibaut, het was een voorstudie. Ze troont ons mee naar haar slaapkamer, daar hangt het definitieve schilderijtje dat De Klerk van Jos heeft gemaakt. Op de Prinsengracht, vlak voor zijn dood in 1923.

Gebouw Bristol

De bakker op de hoek

Op de Prinsengracht lag Tiel ook met Jos in één slaapkamer, aan de grachtkant. 's Avonds weerspiegelden de straatlantaarns in het water, en dat kon je zien op het plafond van hun kamer. Als de gordijnen niet goed gesloten waren, riep Jos: 'Streep!' Tiel moest dan het bed uit om de gordijnen goed dicht te trekken. Ze hoorden ook de geluiden van de boten in de gracht. Het tuftuf van de sleepbootjes doet ze nog feilloos na.

Op 31 mei was haar vader jarig. Dan zat het huis vol bezoek. De kinderen moesten op tijd naar bed en luisterden naar het geroezemoes van de gasten. Eens kwamen twee klarinetspelers aanlopen. Het was een zoele zomeravond, het raam stond open. Voor het huis speelden ze 'De Lorelei'. Grootmoeder Mathilde liep weg bij de verjaarsvisite, kwam de trap op en vertelde de meisjes uitvoerig het verhaal van de schone jonkvrouw die de schippers langs de Rijn zó in vervoering bracht dat ze schipbreuk leden op de rotsen. Die avond zit in haar geheugen gekerfd, zodat kleindochter Mathilde er tachtig jaar later nog tranen van in de ogen krijgt.

Vader Wibaut was oogarts. Net als de vader van Annie Zadoks had hij veel patiënten in de arme Jodenbuurt. Maar zijn huis was een ontmoetingscentrum van kunstenaars, een erfenis van zijn vader. Floor Wibaut senior mag bekendstaan als de wethouder die Berlage en de Amsterdamse School vrij spel gaf, hij was óók het kloppende hart van het Amsterdamse culturele leven. Hij richtte fondsen op voor artiesten en hun nabestaanden, was mecenas voor arme schrijvers, toneelspelers en musici, en zat in alle besturen die ertoe deden.

Twee huizen verderop, Prinsengracht 757, zat de firma B. Moerbeek Jr. — het staat nog steeds op de gevel — die in tafelwater en bier deed. Regelmatig stond een kar van Heineken daar bier te lossen. Het imposante Belgische trekpaard, dat Brutus heette, stond altijd pal voor de deur van de Wibauts. De kinderen stormden naar buiten, gaven hem iets te eten en mochten hem aaien. Op een dag, herinnert Tiel zich, stond Brutus er weer toen moeder haar deftige tante Marie Roland Holst-Van Tijen op bezoek had — de schoonzuster van tante Petje en de moeder van de Prins der Dichters, Jany Roland Holst. Tiels broertje kwam binnenhollen terwijl de dames aan het converseren waren: 'Mag ik wat brood voor Brutus?' Zijn moeder wimpelde hem af. Nu even niet, hij heeft al gehad. Een minuut later stormde het jochie weer de kamer in. Hij bleef zeuren, tot tante Marie hem hooghartig terechtwees: 'Jongetje, heb je niet gehoord wat je moeder zei? Brutus hééft reeds geluncht!' In de familie is dat een gevleugelde uitdrukking gebleven.

Tiel Wibaut heeft hier de eerste negen jaar van haar leven gewoond. Die 'Prinsengracht-constellatie' staat nog fotografisch in haar geheugen: de kinderhoofdjes op de rijweg en de kleine steentjes langs het water en langs de huizen. 'Altijd op de kleine steentjes blijven,' zei haar

AMSTERDAMS OUDSTE FILMTHEAT
EL OLVIDO
WALL-E (NL.)
CLOUD 9
IL Y A LONGTEMPS QUE JE T'AIME
ANUBIS & HET PAD DER 7 ZONDEN
filmtheater DE UITKIJK
CINEMA D'ART 2002
DE UITKIJK dagelijks
DE UITKIJK dagelijks
OPEN
Plezier verzekerd!

moeder. De melkkarren van de Vami die van de brug af kwamen denderen en zoveel lawaai maakten dat het wegdek voor het Prinsengrachtziekenhuis met houten vlonders moest worden afgedekt. De winkels in de Leidsestraat die ze nog steeds feilloos kan opsommen: Liberty, Noack, Kiek, Kempinski, bakker Rekers, Maison de Vries. Het mysterieuze herenhuis aan de overkant: gebouw Bristol. Er stond altijd een heer voor het raam. Een luxe hoerenkast? De wijnkelders aan de gracht — van de geur kon ze geen genoeg krijgen.

De zusjes Wibaut moesten naar school lopen. De Montessorischool natuurlijk, want grootmoeder Mathilde haatte klassikaal onderwijs en eiste dat alle kleinkinderen het nieuwe Montessori-onderwijs volgden. De school was in de Ruysdaelstraat en later nog verder weg in de Corellistraat. Vooral als er een rupsenplaag was, moest je oppassen niet uit te glijden. Soms hadden ze geluk en konden ze meerijden met de koetsiers en chauffeurs van de bedrijven aan hun stukje gracht. Bij Tiel op school zat ook Hansje Lebbing, van die prachtige winkel in comestibles op de hoek van de Nieuwe Spiegelstraat. Met hem wilde ze wel trouwen om later altijd in zo'n heerlijke zaak te kunnen staan. Die droom is niet uitgekomen: in de oorlog waren de Lebbings 'fout' en zoon Hans sneuvelde aan het Oostfront.

In 1913 werd een oud warenhuis op de Prinsengracht, naast bakkerij Rekers, omgebouwd tot City Bioscoop. In 1929 adopteerde de toen net door Menno ter Braak en zijn kring van filmfanaten opgerichte Nederlandsche Filmliga het theater en doopte het om tot De Uitkijk, een bioscoop voor Russische en Franse avant-garde films. Daar heeft Tiel voor het eerst een film gezien, op zondagmorgen, speciaal voor de jeugd: *Pandeon, de vischarend*. In dat jaar namen de Wibauts afscheid van de Prinsengracht.

Bij de voordeur van haar woning in Buitenveldert krijgen we nog een waarschuwing mee van Tiel Wibaut. Haar geboortehuis is nog in oude staat, inclusief de oorspronkelijke halsgevel. Maar de drie huizen ernaast, waar nu uitgeverij Boom zit, zijn nep. Die zijn begin jaren zestig afgebroken, weer van de grond af opgebouwd, inclusief drie halsgevels, dat wel, maar daarachter zit een doodgewoon kantoor met systeemplafonnetjes. En de binnentuin is parkeerplaats geworden.

Maar in het Wibauthuis zelf wordt nog gewoon gewoond. Waar de kinderen Wibaut ooit naar buiten stormden om Brutus te begroeten, staat nu een intrigerend naamplaatje op de deur: Beppie Melissen/Jack Nicholson. De actrice legt lachend uit hoe het zit. Toen haar moeder overleed was Beppie net gescheiden. Ze vond het pijnlijk de overlijdensadvertentie als enige partnerloos te ondertekenen, dus koppelde ze zichzelf aan haar favoriete filmster Jack Nicholson. Vrienden hebben de grap vereeuwigd door het bordje op de deur te schroeven.

Het buurtje van Hans Nieuwenhuijse

5

SMAAKMAKERS AAN EEN WERKGRACHT

Hij kan het niet laten, elke woensdagmorgen stapt Hans Nieuwenhuijse op lijn 1, bij het eindpunt in De Aker. Hij loopt al tegen de tachtig, heeft een lang arbeidzaam leven achter de rug in het kruideniersvak en gaat zijn zoon Hans junior en schoondochter Evelien helpen die een bloeiende buurtwinkel hebben in de Staalstraat —delicatessen, maar ook melk, groenten, fruit, vleeswaren, brood en gebak. Vader Hans voelt zich daar als een vis in het water.

Onderweg passeert hij zijn geboortehuis op het Leidseplein en de Prinsengracht, waar hij is opgegroeid. En hij komt in de Leidsestraat langs de plek waar vroeger het kroonjuweel van De Gruyter ('Het snoepje van de week') in de stad was. Daar heeft hij ooit als bedrijfsleider het hoogtepunt van zijn carrière beleefd.

In 1932, toen Hans Nieuwenhuijse een half jaar oud was, verhuisde het gezin naar Prinsengracht 394, tussen de Passeerdersgracht en de Raamstraat. Weer een huis met een gevelsteen: Saturnus die zijn kinderen opvreet. In het souterrain vestigde de vader van Hans een timmerwinkel. Daarboven woonden ze: stoep op, linkerdeur, voorkamer, achterkamer en achterhuis. Een groot katholiek gezin met tien kinderen: vijf meisjes en vijf jongens. Ze sliepen allemaal in het achterhuis dat een plat dak had waar moeder de was ophing.

Hij heeft een gelukkig jeugd gehad aan de Prinsengracht. Avontuurlijk. Hans en zijn broers waren dakhazen; ze bestreken het hele blok en klauterden op het dak van de J. van Noortschool, twee huizen verderop. Op dat dak stond een luchtschacht met een luik. Daaronder was een lege zolder waar niemand kwam. De jongens lieten zich op zondagen langs een touw naar beneden zakken en gingen dan sporten in de gymnastiekzaal.

De broers Nieuwenhuijse zaten op school aan het begin van de Prinsengracht, tegenover de Noordermarkt. Het was de Sancta Mariaschool, een jongensschool van de Broeders van Saint-Louis. Dat was vier keer per dag een eind lopen. Meestal holden ze over de brede tegels langs de kade, of ze hingen achter de paardenkarren van het Molenpad aan de overkant, waar stallen waren. Een 'tuffie nemen' noemden ze dat. Dat was niet zonder risico, want de koetsiers wilden wel eens met de zweep achteruitslaan. Een ander risico was dat ze werden opgewacht door jongens van de overkant. Dan moest er gevochten wor-

De buurman van Hans Nieuwenhuijse

den. Die van Nieuwenhuijse waren in het voordeel, want dankzij hun vader, de timmerman, waren ze beter bewapend: met houten sabels.

Hans Nieuwenhuijse heeft tot zijn huwelijk, in 1958, bij zijn ouders gewoond en kent zijn oude buurtje nog steeds als zijn broekzak. In zijn torenflat Hekla, bij het eindpunt van lijn 1, waar hij met zijn vrouw Mia Wouda woont, legt hij zijn archief op tafel: fotoalbums, knipsels, prints van het internet. Hij wijst waar zijn grootouders woonden: boven een groenteman, bij café Pieper op de hoek van de Leidsegracht. Naast hun timmerwerkplaats was Melkinrichting Nieuw Leven. In de oorlog zat daar iemand die fout was. Ze schrokken zich een ongeluk toen ze hem een keer in zwart uniform op straat zagen. Daarnaast woonde—na de oorlog—het echtpaar Ed Hoornik en Mies Bouhuys en in het volgende huis zat, op één hoog, een waarzegster. Als ze met haar hondje op straat liep, riepen de jongens: 'Wanneer gaan we dood?' 'As je asem op is,' zei ze.

Er was een bonte verzameling winkels en bedrijfjes. Een sigarenwinkel, de koffie- en theehandel Helmus, de groenteman Van der Wielen en drie loodgieters: Nico Tabak, Bücher en de Firma Man. Over de brug van de Passeerdersgracht slager Bartels, een houtbewerker/meubelmaker, een schoenmaker en nog een timmerman. En dan kwam er ook nog een viskar aan de deur en de melkkar uit de Runstraat. De familie Nieuwenhuijse deed verder vaak boodschappen bij Smid in de Leidsestraat, waar ook bakker Rekers zat.

Nu, vijftig jaar later, zit alleen de melkboer er nog. De eigenaar, Jan van Beek, is een éénpitter die boven de winkel woont en tussen de middag de deur dichtdoet. De winkel van slager Bartels, over de brug, is nog vol leven: Second Life Music staat op de winkelruit, in- en verkoop van lp's, singles en cd's. Binnen hangt een foto van de oude slagerij. De praatgrage eigenaar zit er nog niet zo lang, maar kent zijn buurtje ook al. De acteur Ton Lutz woonde hier om de hoek, Nelly Frijda woont een eind verderop aan de overkant met haar poezen, cabaretier Bert Visscher kwam net langsfietsen en actrice Yoka Beretti zit koffie te drinken aan de overkant. De schoenmaker en de timmermannen verderop hebben plaatsgemaakt voor het minirestaurant Saint Martin en De Knipkamer—een combinatie van kleermakerij en kapper.

Op de andere hoek van de Passeerdersgracht hangt op de balkons van één en twee hoog wasgoed te drogen. Beneden zit Elco Extension, PrePress Service met nog een vestiging twee huizen verderop. Hier staat op het raam: drukkerij, extension, digital print, multimedia. Aan de andere kant van de J. van Noortschool, tegenwoordig de Artemis Styling Academie, huist galerie De Passie ('Betaalbare Kunst'). Alle loodgieters zijn verdwenen en waar groentezaak Van der Wielen ooit zat, is nu restaurant Gespot met een sjieke keuken en een cocktailbar.

TE HUUR
EN TE KOOP
HOEFTEN
1893
DEKKLEEDEN
1903
295

Café Pieper is nog steeds café Pieper, met zand op de vloer. Bij brug 67, die voorbestemd is de Mies Bouhuysbrug te worden, is 's zomers een enorm terras ingericht.

Twee jaar nadat Hans Nieuwenhuijse met zijn jonge bruid hun eerste winkeltje openden in de Diamantbuurt, overleed Nieuwenhuijse senior. Het geluid van de zagen en hamers in het souterrain verstomde. Van de werkplaats is geen spoor meer te bekennen. Het huis is gerestaureerd en zit strak in de verf; Saturnus heeft een nieuw jasje aan. Zouden de nieuwe bewoners beseffen dat hier nog niet zo lang geleden een ambachtsman zijn bedrijf voerde en er met vrouw en tien kinderen woonde?

HET RAUWE LEVEN De Prinsengracht is ingrijpend veranderd, maar tegelijk altijd hetzelfde gebleven. De gracht heeft de loopgravenoorlog van de moderne stedenbouwers tegen het rijke, gemengde stadsleven met glans doorstaan. De dromen van de schone stad, waarin de functies wonen, werken, verkeer en vermaak radicaal uit elkaar getrokken worden, hebben hier schipbreuk geleden. Alles krioelt door elkaar, er is steeds rumoer. Het is er niet koud zoals in Suburbia, maar behaaglijk, vertrouwd.

Er zijn altijd markten geweest. Kolen, water, turf rondom het Amstelveld. Een hooi- en stromarkt voor de tienduizenden paarden in de stad. Vlees, groenten, aardappelen, aardbeien, vis. Feestelijke jaarmarkten aan de voet van de Westertoren, met kermis en veel drank. Tot 's avonds laat stonden verkoopsters uit de Jordaan met kraampjes langs de gracht; dat zag er feestelijk uit. Ze verkochten zuur, paling, haring, zure leverworst, rauwe en gekookte mosselen en hardgekookte eieren. Er zijn nog steeds markten: de bloemen- en plantenmarkt op maandagmorgen op het Amstelveld, de lapjesmarkt in de Westerstraat met de rommelmarkt op de Noordermarkt, voorheen de Prinsenmarkt, ook op maandagmorgen. En op zaterdag de verfijnde boerenmarkt bij de Noorderkerk.

De markten waren toneel van het rauwe leven. Hier woedde het aardappeloproer van 1917. Hiervandaan sjokten kromgetrokken oude vrouwen met zwaarbeladen manden de vers aangevoerde groenten naar de winkels verder de stad in.

De achterbuurt vol woeling van de marktdag.
In rijen bonte kramen rond de kerk.
Met slentervoeten schuifelen de vrouwen
Langs 't weeklijksch feest van 't onderbroken werk.

Een heet begeeren vlamt in alle oogen.
Bedwongen-strak de maskers van 't gelaat.
Gevangen in de greep van felbeluste handen
vergeet de moeder 't kind, dat hier klaag'lijk
t'schreien gaat.

NED:CONFECTIE INDUSTRIE

SMEDERIJ
mashua

MAGAZIJNEN
APOTHEEK·PHARMACY

SUIKERDEPOT HOLLANDI
463

Als karig loon voor 't dingend bieden, loven,
wat armelijke kleedij, het plat beslapen bed,
de wankle piedestal, een bundel gore vodden—
wat weelde van zich wierp, wordt hier ten prooi gezet.

Gebarsten, weggeroest, gedeukt, vermolmd, gespleten,
ligt naakte haav'loosheid op zondoorgloeiden grond.
De markt der achterbuurt is in het lijf der steden
de eindelooze pijn van een melaatschen wond.

De Amsterdamse dichter Henk Fedder, bankbediende, noemde dit gedicht 'Noordermarkt'.

Politiecommissaris H. Voordewind, die zijn loopbaan begon op bureau Westerstraat, heeft heel wat te stellen gehad met het marktvolk, zoals de lossers van de kolenschuiten die, als ze te weinig betaald kregen, niet het werk neerlegden, maar de 'hokkebaas' afdroogden. Daar moest je als jong agentje diplomatiek mee omgaan. Of de aardappellosser 'Rooie Tinus', die vaak op de markt te vinden was, maar zelden werkte en veel zoop. Hij had het regelmatig aan de stok met de politie en mepte er meteen op los. Een keer spuugde Rooie Tinus naar Voordewind en dreigde hem op z'n kop in de Prinsengracht te zetten. Dat werd matten, en tot bewondering van de andere aardappellossers wist Voordewind Rooie Tinus op te brengen en af te leveren op het bureau. Vanaf die dag was hij de held van de Noordermarkt.

De sporen van het verleden van de 'werkgracht' zijn overal te zien. Straatnamen herinneren aan een rijke industriële geschiedenis: Runstraat, Passeerdersgracht, Looiersgracht aan de leerindustrie; Reestraat, Berenstraat en Elandsgracht aan de huidenhandel; Raamstraat aan de lakenververijen. Er staan nog veel pakhuizen met tot de verbeelding sprekende namen: De Star, Het Lam, De Witte Arend, De Vergulde Arend, De Blauwe Arend, De Nieuwe Arend, Het Pachuys van de Gouwe Wagen, Sint Ians Lam en Purmer Lant.

Vaak staat op de gevel van andere gebouwen nog wie of wat er ooit in zat: Houtkooperij, Suikerdepot Hollandia, Smederij/Magazijnen, Hollandsche Fransche Weener Broodbakkerij Wed E.A. Rekers, Comestibles en Fijne Vleeschwaren F.G. Lebbing, B: Moerbeek Jr., Vaartuigen te huur en te koop, Scheepsbehoeften en Dekkleeden, Vleeschhouwerij, J.C. Knegt en Zonen, Ned. Confectie Industrie, Eerste Ned. Hoedenvorm Industrie. Die oude bedrijfspanden hebben een nieuwe bestemming gekregen. Soms wonen er mensen, vaak zit er een ander bedrijf in. Zo ontstaat een 'dubbele stad': je ziet tegelijk wat er is en wat er was.

Op de hoek van de Weteringstraat worden kroonluchters verkocht in een voormalige 'vleeschhouwerij', en wat doet die overdaad aan kristal het goed tegen het oude tegelwerk. Knegt en zijn zoons, assuradeurs die hun geld verdiend hebben in Indië, versierden hun gevel met sym-

Het
Lam

De
Star

600
Tempel
OPEN
06-55385994

Lebbing, ooit in koloniale waren

bolen uit de gordel van smaragd rondom een playboy in een raceauto. Daar heerst nu makelaar Babs Persoons, de koningin van de grachtengordel. Onder de vergulde koppen uit het Verre Oosten van Lebbing worden nu tegels en tegelplateaus, lampen, plateel, chinoiserieën, bronzen en marmeren beeldjes en schilderijen verkocht. En restaurant Werck, tussen de Westerkerk en het Anne Frank Huis, is een steenhouwerij geweest, een vleeshal, een gymnastieklokaal en disco Rum Runners.

VLEUGELS UIT WENEN Hans D. Duijf werd op 19 november 1947, drie maanden en drie dagen na de in bloed gedrenkte geboortedag van India, geboren in Gwalior, de hoofdstad van een befaamd koninkrijk in het hart van Brits-Indië. Zijn vader had er suikerplantages en een suikerfabriek. De eerste negen jaar van zijn leven bracht Hans daar door. In 1956 verhuisde het gezin Duijf naar Den Haag. Hans moest zakenman worden. Na de middelbare school ging hij eerst naar Nijenrode en vervolgens naar Amerika. Met alle diploma's op zak streek hij neer in Amsterdam. Omdat hij er geen zin in had al te gaan werken en hij Amsterdam zo'n heerlijke stad vond, begon hij aan een tweede studie: psychologie aan de Gemeente Universiteit. Z'n kandidaats heeft hij nog gehaald, maar toen nam zijn leven een beslissende wending.

Duijf had als werkstudent een fantastisch baantje: dat van reisleider. Zo kwam je nog eens ergens. Terwijl hij toeristen rondleidde in Wenen, deed hij een interessante ontdekking. Rond de vorige eeuwwisseling was het in de Oostenrijkse hoofdstad mode Frans te spreken en een vleugel in huis te hebben. Hieromheen ontstond een complete industrie; er waren volgens Duijf rond 1900 wel tweehonderd pianofabrieken in Oostenrijk. Zestig jaar later stonden al die instrumenten te vergaan in kelders en schuren. Duijf kocht ze op voor duizend Schilling per stuk, omgerekend 75 euro, en transporteerde ze naar Nederland. De businessopleiding was niet voor niets geweest, hij boorde een gat in de markt aan: restaureren en doorverkopen. Maar waar moest hij al die vleugels opslaan?

Duijf kocht in 1977, met een vriend, Prinsengracht 246, een voormalige fabriek: de Eerste Ned. Hoedenvorm Industrie. Koopprijs 80.000 gulden, bijna voor niets: een grachtenhuis voor nauwelijks meer dan zesendertigduizend euro. De prijs was laag, want de binnenstad was in verval. Bovendien bedong de verkoper, mr. W.K. van Duren, procureur bij het Amsterdamse Gerechtshof, dat zijn studerende dochter voor niets boven de werkplaats mocht blijven wonen. Dat drukte de prijs ook. Ach, dacht de jonge zakenman, die vertrekt wel zodra ze afstudeert. Mooi niet. De dame in kwestie bleek een hippie te zijn die er niet over piekerde ooit weg te gaan.

In dit herstellingsoord voor oude Weense pronkstukken verzamelde Duijf een hechte kring om zich heen van

Eerste Ned: Hoedenvorm Industrie.

581

TE HUUR
Kantoorruimte
020 626 2691
CBRE
CRISTOFORI
PIANO'S & VLEUGELS

liefhebbers — pianostemmers, instrumentbouwers, restaurateurs, meubelmakers —, die tot op de dag van vandaag in deze branche werkzaam zijn gebleven.

Het bedrijf kampte al snel met ruimtetekort. Duijf huurde eerst een extra opslagplaats op de Elandsgracht en verhuisde in 1982 naar Prinsengracht 579, weer een oude fabriek, tussen de Runstraat en het Molenpad. Oorspronkelijk stond hier bierbrouwerij De Dubbele Sleutels, in 1847 overgenomen door brouwerij De Haan die in 1888 failliet ging. Het gebouw kwam vervolgens in handen van Barend Jan Lindeboom, een banketbakker uit Overijssel die de brouwerij afbrak en verving door koekfabriek De Lindeboom, die een breed assortiment voerde: ontbijtkoek, sucadekoek, gemberkoek, Groninger koek, kruidkoek, biscuit, boterbatons, Weesper moppen. Duijf zette op de gevel van de eindnegentiende-eeuwse industrietempel trots de nieuwe naam van zijn bedrijf: Cristofori. Bartelomeo Cristofori di Francesco was de Italiaanse klavecimbelbouwer die drie eeuwen geleden in Padua de eerste pianoforte ontwikkelde, een toetsinstrument waarop zowel zacht als hard kan worden gespeeld.

Cristofori werd een bedevaartsoord voor pianoliefhebbers. Op een dag kwam de Amerikaanse pianiste Barbara Nissman binnenstappen, mooi en blond volgens Duijf, gespecialiseerd in de muziek van de Argentijnse componist Alberto Ginastera. In Amerika gaf ze uitvoeringen op bijzondere podia, zoals binnenplaatsen van gevangenissen. Het leek haar wel wat om bij Duijf op de stoep te spelen. Goeie stunt, dacht Duijf. Hij belde Theo Inniger, directeur van het Pulitzer Hotel op de Prinsengracht: kun jij de hapjes en drankjes regelen? Inniger: doe het bij mij voor de deur, dan hoeft mijn personeel niet dat hele stuk over de gracht heen en weer te lopen. Duijf weer: oké, dan doen we het op een dekschuit.

Het ging nog bijna mis. Duijf had voor het transport van de vleugels zijn vaste mannetje, Jan de Jong uit Amsterdam-Noord, die over een Volvo met een bakkie beschikte. Die zou een mooie Baldwinvleugel brengen en hem bij Pulitzer met een takel overhevelen naar de dekschuit. Maar De Jong had de vleugel niet goed vastgesnoerd en het instrument kletterde op zijn Volvo. Auto total loss, klep versplinterd, maar de vleugel bleef wonder boven wonder ongedeerd.

Die avond in augustus 1982 hoorden een paar honderd mensen Barbara Nissman vol vuur Ginastera spelen, en zo werd het Prinsengrachtconcert geboren. Het ouderlijk duo Duijf-Inniger heeft het kindje opgekweekt tot een volwassen muziekfeest — de moeder van alle openluchtconcerten op het water. En de Prinsengracht werd dankzij Hans Duijf een wereldmerk.

Een paar jaar later stapte de eigenaar van het buurpand — de voormalige matrassenfabriek Ubica, nog veel groter dan de koekfabriek — binnen met een aantrekkelijk voorstel: voor 250.000 gulden kon Duijf het kopen, mits hij

'T GEKROONT 1691 LAKEN
1863 1963
N.O.G
EEN EEUW
LEVENSVERZEKERING

PRINSENGRACHT
CENTRUM

snel besliste. Dat werd Cristofori 2. Om het te kunnen financieren, ging Duijf in zee met een tapijtfabrikant uit Genemuiden, die als klant regelmatig over de vloer kwam. Ze werden compagnons, maar het immense gebouw moest op naam staan van de tapijthandelaar zodat hij de verbouwingskosten kon aftrekken. Binnen de kortste keren werd de medefirmant enige eigenaar en kon Hans Duijf zijn biezen pakken.

De tapijthandelaar is inmiddels ook vertrokken. Begin 2007 kwam Cristofori 2 in handen van party cateraar 'A Matter of Taste' van Miranda van Dinther, maar de naam Cristofori staat voor eeuwig in vergulde letters op de gevel. In Cristofori 1 zit de antiekzaak Prinsheerlijk. En Hans Duijf, tegenwoordig uitbater van restaurant Pasta e Basta in de Nieuwe Spiegelstraat, zit nog steeds met Theo Inniger in het bestuur van de Stichting Prinsengracht Concert dat beslist wie er optreedt.

Duijf woont er ook: Prinsengracht 963. Weer een gebouw met geschiedenis. In 1682 kocht de manufacturier Jean Ploncque, een uit Frankrijk gevluchte hugenoot, twee erven bij de Vijzelstraat en begon daar de zijdeververij De Lelie. Midden in de textielbuurt, waaraan de door de Noord-Zuidlijn getroffen wevershuisjes op de Vijzelgracht nog herinneren. Honderd jaar later zat Ploncque's achterkleindochter er met een 'apothecars winckel'. In 1863 trok levensverzekeringsmaatschappij Nederlandsch Onderwijzers Genootschap (NOG) in De Lelie, opgericht om weduwen en wezen van onderwijzers te helpen. In 1915 kocht de NOG twee buurpanden, waarin lakenververij 't Gekroont Laken had gezeten. Het bedrijfslogo met de letters NOG staat nog op de gevel. De 'dubbele stad' is soms driedubbel, misschien wel vierdubbel.

DE MAROKKAANSE VOGELKOOI De Prinsengracht is een magneet voor ondernemers. Je bent jong, je begint een bedrijf. De Nieuwe Economie van de negentiende eeuw was de financiële dienstverlening voor het volk. Beginnende ondernemers hadden startkapitaal nodig en slimmeriken bedachten iets om te voorkomen dat nabestaanden van kostwinners die zouden overlijden, meteen aan de bedelstaf zouden raken. Het begon klein, maar het succes was overweldigend. De NOG voor onderwijzersweduwen en -wezen groeide uit tot een algemene levensverzekeraar en liet een nieuw onderkomen bouwen. Er volgde een kantorenexplosie; de grachtengordel werd de Zuidas van de negentiende eeuw. Vele honderden monumentale grachtenpanden en verouderde werkplaatsen en fabrieken werden verdrongen.

Zo'n heraut van de vroegere Nieuwe Economie staat op de hoek van de Utrechtsestraat: een prachtig gebouw met een rond torentje op de hoek, ontworpen in 1906 door het architectenhuis van vader en zoons Van Gendt. Op de toren staat een ooievaar, het wapen van Den Haag.

ONDERLINGE
LEVENSVERZEKERING Mij
TWEE LEVENSWEGEN
's GRAVENHAGE"
808
119

De opdrachtgever van het trotse kantoor was De Onderlinge Levenverzekerings Maatschappij 's-Gravenhage. De naam is verwerkt in een tegeltableau tussen twee verpletterende mahoniehouten deuren met elk een eigen stenen trap: links Prinsengracht 808, rechts Utrechtsestraat 119. Op de tegels staan 'twee levenswegen' uitgebeeld: wie verzekerd is, wandelt het licht tegemoet, terwijl onverzekerden afdalen in een duistere spelonk.

De Nieuwe Economie van vandaag is de Creatieve Industrie. Het stadsbestuur trekt miljoenen uit om overal in de stad verlaten fabriekshallen en scheepsloodsen om te bouwen tot 'broedplaatsen' voor dynamische jongelui. De Prinsengracht is, zonder één cent subsidie, inmiddels allang de grootste broedplaats van Amsterdam.

Loop de bordjes maar langs. Innovatiebureau Sunidee, Ignite Films/Classics for the Future, Ulf Moritz ('Pools-Duitse ontwerper/kunstenaar met wereldfaam'), Fuurland (*De Filmkrant*), Loveland (organisator Dance & Lifestyle Events), Kodde architecten, Mind at Work. Advocatenkantoortjes, een vioolbouwer, de kliniek voor mondhygiëne Flost U Wel, Beauty & Nails van de schoonheidsspecialiste Marie Claire Rosenau — een charmante dame met indringend groene ogen die als symbool een olifantje voert. Bij haar kun je je kin met botox laten behandelen, je wenkbrauwen laten epileren of verven en kun je zelfs een wimperpermanent krijgen. Benen, oksels, bovenlip — alles kan zij harsen met suiker. Marie Claire heeft ook een bruidsmake-up in de aanbieding, en een kaviaarmasker.

Zoals honderd jaar geleden drukkerijtjes als paddenstoelen uit de grond rezen om de nieuwe kantoren te bedienen met formulieren, briefpapier, folders, brochures en advertenties waarmee hun klanten goed voor de dag konden komen, zo schieten vandaag op de Prinsengracht de kapsalons omhoog om de jonge creatieven te voorzien van een wervend uiterlijk. We tellen er tien, maar dat is een momentopname: De Kapperij (die lange tijd een koe met een sjaaltje om de hals op het bordes van de buitentrap had staan), Shampoo Planet, Knipkamer, Tjebbe Kapper, Alding Hair Studio, Helmers & Friends, Hair Studio Hamid, Barbershop, Bert Koggink Hairstyling en Francisco Kappers: 'Modern, trendy, classic, glamour, natural. Alles is mogelijk. Om in overleg met u tot het gewenste kapsel met de juiste kleur te komen.' En, o ja, heren kunnen ook bij Marie Claire terecht voor een verantwoorde huidbehandeling. Met mesotherapie of glycopeel is het goed zakendoen.

In 1974 publiceerde de Britse schrijver Jonathan Raban het boek 'Soft City', een ode aan het bonte, opwindende stadsleven. Een stad wordt niet gemaakt door architecten en stedenbouwers, maar door zijn gebruikers. Zoals een computer als kastje ('hardware') waardeloos is zonder de programma's die je erin stopt ('software'), zo is de stad niet steen, beton en glas, maar ontmoetingen, ambities,

Anton
Heyboer

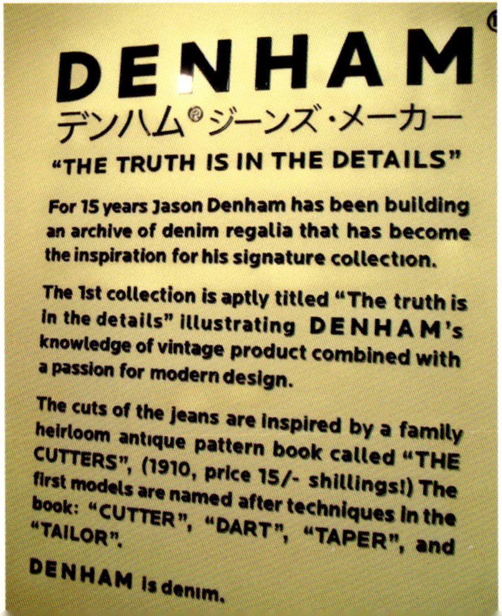
DENHAM
デンハム®ジーンズ・メーカー
"THE TRUTH IS IN THE DETAILS"
For 15 years Jason Denham has been building an archive of denim regalia that has become the inspiration for his signature collection.
The 1st collection is aptly titled "The truth is in the details" illustrating DENHAM's knowledge of vintage product combined with a passion for modern design.
The cuts of the jeans are inspired by a family heirloom antique pattern book called "THE CUTTERS", (1910, price 15/- shillings!) The first models are named after techniques in the book: "CUTTER", "DART", "TAPER", and "TAILOR".
DENHAM is denim.

1079 – Sous
Flost – U – wel.nl
kliniek voor mondhygiene

ruilverkeer. Het vijfde hoofdstuk heeft een bijzondere titel: 'De Marokkaanse vogelkooi'.

Je kunt het zo gek niet bedenken of je vindt het ergens in de stad. Raban zit een avond in Londen bij vrienden. Het gesprek komt op de inrichting van de huiskamer. De vrouw des huizes laat haar blik ronddwalen en verzucht dat de kamer pas af zou zijn als in een hoek bij het raam een vogelkooi zou hangen. Zo'n mooie, witte kooi uit Marokko. Die moet je hier toch ergens in de stad kunnen vinden, zegt Raban, en verdomd, de volgende dag heeft ze hem. Op de kop getikt in een *curiosity shop*, ergens in een achteraf straatje.

'Het Marokkaanse vogelkooi-syndroom,' schrijft Raban, 'kun je als model gebruiken voor een bepaalde fase in de stedelijke ontwikkeling—een ontwikkeling die voorziet in de vraag naar goederen waarvan de enige eigenschap is dat het staat voor goede smaak en tegelijk, door de wetten van het economische verkeer, de smaak uiteindelijk bepaalt.' Er ontstaat een klasse van 'stylistic entrepreneurs': smaakmakers. Daarvan wemelt het op de Prinsengracht.

Amsterdam telt, als je afgaat op het telefoonboek, ruim tweehonderd kunstgaleries. Daarvan zijn er 24 gevestigd aan de Prinsengracht en nog eens 41 in de onmiddellijke omgeving, bij elkaar een derde van het totaal. Niet alleen is de hoeveelheid duizelingwekkend, maar ook de diversiteit. Kunst voor oude en nieuwe rijken, maar ook kunst voor iedereen uit alle windstreken, uit alle tijden. Als je geen Marokkaanse vogelkooi kunt vinden, is een Japans huisaltaar misschien een alternatief.

Je kunt op de gracht terecht voor mode en porselein, voor kussens, spreien en vrouwenboeken, voor sieraden en herenkostuums in buitenmodel maten. Naast de sleutelspecialist vind je de zeepkunst van La Savonnerie. Bij A Space Oddity vind je tv- en filmspeelgoed en bij Nieuws/Innoventions, The People's Giftstore, lepels met vliegtuigvleugels om peuters te voeren die niet willen eten ('babyplanes'), spaarpotten met het opschrift 'I'm Saving Up for Jesus!' of 'I'm Saving Up to Clone My Cat!', gedeukte bekers, nepvetplantjes, kledinghaken in de vorm van gekromde vingers ('Finger Hooks') en meisjessnorren, voor elke dag van de week een andere.

Wie flink wat geld wil stukslaan, kan ook terecht op de Prinsengracht. Bij de Berenstraat is 'hét adres voor zeldzame spiegels' van Anouk Beerents. Ze heeft een oud pakhuis, naast het bureau van haar echtgenoot, Kodde Architecten, omgetoverd tot een modern sprookjespaleis waar honderden antieke spiegels tegen kale muren staan of aan zware kettingen hangen. De restauratiewerkplaats is bijna zo groot als een voetbalveld: klanten kunnen binnen hun auto kwijt.

De buurman van Marie Claire Rosenau is The Denham Garment Library, waar spijkerbroeken van Japanse makelij worden geëxposeerd als zeldzame kostbaarheden. Hoor

The Frozen Fountain

je tot de happy few die zo'n geval aan zijn kont mag hangen, dan neem je ook een kruikje Denham sake mee voor 80 euro, of een memory stick in de vorm van een sushi, ook 80 euro. De broek verstellen doe je met speciaal naaigerei: Denhamscharen kosten tussen de 150 en 250 euro. De Amsterdammertjes op de stoep dragen Denhamjasjes, uiteraard op maat gemaakt.

Een paar honderd meter verderop, even voorbij Cristofori, staat in vierkante, bijna onleesbare letters op de gevel geschreven dat je er welkom bent—in vijf talen. The Frozen Fountain heet de zaak, een over verschillende panden verspreid postmodern lustoord. Hier is het neusje van de zalm van het Hollandse design te koop: bouwpakketten van Piet Hein Eek of een Porcupine Desk van Hella Jongerius. Je kunt ook boeken kopen die geen boeken zijn: 'Ceci n'est pas un livre', staat op de rug. De directiekamer van Uitgeverij Boom (Prinsengracht 747–751), de uitgever van dít boek (dat wél een boek is) is door deze firma aangekleed.

BROODJE BOTTICELLI Hij is geboren in een voorstad van Beiroet, de hoofdstad van Libanon. Hij wilde kunstschilder worden, en na een studie aan de kunstacademie kreeg hij een beurs om in Rome zijn studie te voltooien. Daar leerde Faisal Ghannam een Amsterdams meisje kennen. Twee jaar later was hij getrouwd en woonde hij in Amsterdam. Dat was dertig jaar geleden. Ze hebben drie kinderen: twee zoons en een dochter.

Van zijn kunst kon hij niet leven. In 1980 begon Faisal een kleine supermarkt in de Hemonystraat. Dat pand werd negen jaar later gesloopt, en toen verhuisde het gezin Ghannam naar Libanon. Vijf maanden later waren ze weer terug. Zijn vrouw stierf bijna van heimwee en de kinderen werden op school buitengesloten omdat ze de taal niet spraken. Hij nam een 'droogbakkerij' over op de hoek van de Berenstraat en de Prinsengracht. Dat was een franchisezaak, Ghannam wilde niet werken voor een baas. In 2004 werd hij weer verjaagd door de sloophamer.

Ghannam werd uitgekocht. Hij dacht: 'Ik moet dat geld snel investeren, want als je niets doet en ervan gaat leven, ben je het zo kwijt.' Op de hoek van de Spiegelgracht zat een kleine kruidenier. Faisal Ghannam stapte binnen. 'Hebt u interesse de zaak te verkopen?' Moest hij met zijn vrouw overleggen. Een dag later: 'Je kunt de sleutel krijgen voor 50.000 euro.' Faisal: 'Ik doe een aanbetaling, volgende week staat alles op uw rekening.' In tien dagen was de koop beklonken en kon hij beginnen.

Aan het interieur hoefde Ghannam niet veel te doen; de kast van de kruidenier staat er nog. Buurtbewoners, vaak alleenstaanden, kunnen daar wat spullen vinden: eieren, jam, thee, koffie, kauwgum, speculaasjes, kruidenpotjes, wijn, bier, water, wc-papier. Het enige wat Faisal

Café BOUWMAN

zelf liet maken is een mooie houten toog. Daarachter maakt hij koffie, soep, thee en broodjes. Er staan in de piepkleine ruimte met de oude rode vloertegels vijf tafeltjes en een paar barkrukken bij de toog. Overal aan de muren hangen werken van hemzelf, aquarellen: strandtaferelen, paarden, landschappen en naakten. Ghannam verkoopt er een of twee per maand.

Broodje Art heet het koffiehuis van Faisal Ghannam. Zijn broodjes heten 'Botticelli', 'Leonardo', 'Michelangelo', 'Rafaello', 'Brunelleschi'. Maar hij heeft ook gewoon broodjes oude kaas, bal gehakt, hamburger, ossenworst. En de soep van de dag is altijd linzensoep. In de loop der jaren hebben veel Italiaanse toeristen en hotelgasten hem weten te vinden, omdat hij hun taal ook spreekt. Zij kennen hem als 'Marco'.

'Ik maak alles zelf,' vertelt Faisal/Marco. 'Ik ga 's morgens om 8 uur de deur uit, naar groothandel De Kweker in de Jan van Galenstraat. Dan ben ik hier om 9 uur. Om 4 uur dicht, geen minuut later. Als het druk is en er komen nieuwe mensen binnen, waarschuw ik ze: sorry, het duurt een minuut of acht, als u haast hebt moet u niet blijven, zo niet, ga rustig zitten. Ik leef ontspannen, ik wil geen stress.'

Ghannam is een tevreden man. 'Ik verveel me hier nooit, er is altijd wat te zien. Vakantie? Ik hoef geen vakantie, ik ben hier altijd met vakantie. Ik krijg vaak een bod op de zaak. Dan zeg ik: als ik hier ongelukkig word, laat ik het wel weten. Ik heb goeie contacten met de buren. Ook met café Heuvel aan de overkant. Die stuurt z'n klanten als ze iets willen eten en ze hebben daar niets meer. Het is een beetje een dorp. Ik ga graag bij de galeriehouders in de Spiegelstraat koffiedrinken en wat praten over kunst. En zij komen hier.' Hij heeft zijn plek gevonden. 'Als je op het eind van de middag vanaf de brug over de Spiegelgracht de zon achter het Rijksmuseum ziet zakken, dan ben je in het paradijs.'

Waar gewerkt en gewinkeld wordt, wordt gegeten en gedronken. De Prinsengracht heeft tientallen hoeken, en op bijna iedere hoek is het prijs: een koffiehuis, een café, een restaurant. Met terrassen. Zelfs Broodje Art heeft een tuinset voor de deur, bestaande uit twee door een tafelblad aan elkaar geklonken stoelen.

Er zijn op de Prinsengracht 67 plekken waar je kunt eten en drinken. Voor de goede orde, ook dit is een momentopname. We tellen 23 cafés, 25 restaurants en broodjeszaken, 4 coffeeshops, 8 hotels, 1 bed & breakfastboot, 1 afhaalcentrum, 1 haringkar, 1 vishuisje, 1 ijssalon, 1 MiNiBar en 1 snookercentrum. Zoals overal in de horeca is het verloop groot, oude pleisterplekken verdwijnen, nieuwe komen, namen veranderen, formules worden gewijzigd, menukaarten worden uitgebreid. Maar sommige namen zijn met de Prinsengracht vergroeid. Kalkhoven, op de hoek van de Westermarkt, ontving in de zeventiende eeuw dorstige kermisklanten aan de voet van de

Eten en drinken buiten

toen splinternieuwe Westertoren. Pieper, Van Puffelen, Bouwman, De Twee Zwaantjes, Het Bruine Paard, P 96, Papeneiland, Dikker & Thijs — hele generaties Amsterdammers hebben hier het leven doorgenomen.

In 1965 kocht Jan Heuvel het café op de hoek van de Spiegelgracht. Heuvel, vader en schoonvader van Laura en Harry die het Koffiehuis De Hoek bij de Reestraat runnen, maakte er in de keurige Spiegelbuurt binnen de kortste keren een Jordaans volkscafé van. Op het zonnescherm staat het motto voor zijn stamgasten: 'Als ik toch sneuvel dan bij Heuvel'. In 1981, toen Jan Heuvel vijftig werd, haalden klanten, vrienden en familieleden alles uit de kast om de legendarische cafébaas te huldigen. De kade was afgezet, in het water onder de brug lag een groot ponton, het echtpaar Heuvel werd over de gracht aangevoerd in een reusachtige bierton en nam onder luid applaus en gejuich plaats op een prachtig versierde troon. Alle groten der aarde kwamen hun respect betuigen: accordeonist Johnny Meyer en de zangers Manke Nelis, Johnny Jordaan, Willy Alberti, Bolle Jan en zijn zingende zoontje René Froger. De vrouwen uit de familie, uitgedost als revuegirls, voerden op de brug verleidelijke dansjes uit. Alles werd opgenomen, en de video blijft rouleren in de familie.

Jan Heuvel heeft het café overgedaan aan neef Pierre Heuvel, maar hij is er nog steeds. Drie generaties Heuvel wonen op gehoorsafstand van het café, naast de broodjeszaak van Faisal/Marco Ghannam. In het café hangt een Hollandse meester: Jan Heuvel in historisch kostuum, met pijp. Een traditie die hij heeft ingesteld, leeft voort. Op de laatste zondag van augustus organiseert café Heuvel een viswedstrijd voor de deur. Midden op de brug over de Spiegelgracht staan op een cafétafeltje de prijzen uitgestald: een beker van Europacup-allure, engelenbeeldjes voor de nummers twee, drie en vier, en linten met medailles voor alle deelnemers. Onder de tafel liggen plastic zakken met 'flauwekulletjes', die Pierre uitdeelt bij iedere gelegenheid die zich voordoet. Hele families staan op de kademuur, hangen over de brugleuningen en zitten op de afgemeerde boten — hengel in de ene, glas bier in de andere hand. Er wordt meer drank omgezet dan vis.

Hans Nieuwenhuijse van het Leidseplein, Hans Duijf uit Gwalior, Jan Heuvel uit de Tuinstraat, Faisal Ghannam uit Beiroet. Ze kwamen naar de Prinsengracht, hun levensader. Ze laten hun voetafdruk achter, waardoor de Prinsengracht de levensader zal blijven voor hun opvolgers. Perpetuum mobile.

GESL
OTEN
RULED BY SECRECY
END OF OIL
LOST CIVILIZATION
THE OTHER SIDE OF AIDS
BIG BROTHER
CONSPIRACYWEEKEND

6

MACABERE DANS VAN PALEIZEN EN PAKHUIZEN

Op de linker glazen deur staat GESL. Bij de bel ernaast is een papiertje op de glazen pui geplakt: 'Atelier Sanne, ingang linkersteeg'. Boven het scheefgezakte OTEN op de rechter deur hangt een plakkaat van Docs at the Docks, het filmhuis op het NDSM-terrein in Amsterdam-Noord. Rijke keus: 'End of Oil', 'Ruled by Secrecy', 'Conspiracy Weekend', 'The Other Side of Aids', 'Big Brother'. De portiek ligt vol rotzooi: een afgedankte rugzak, vieze truitjes, een gescheurde plastic boodschappentas.

De deuren van de voormalige Openbare Bibliotheek, Prinsengracht 587, zijn dicht sinds de zomer van 2007. De trouwe bezoekers, die hier jarenlang dag in dag uit kranten en weekbladen kwamen lezen, boeken ruilen, oude bladmuziek doorvlooien, cd'tjes lenen, koffie drinken, schuilen tegen de regen, elkaar ontmoeten, lopen sindsdien met hun ziel onder de arm. Ze kunnen zich natuurlijk met De Opstapper naar de nieuwe bibliotheek laten brengen, bij het eindpunt op het Oosterdok, maar wat hebben ze daar te zoeken, in dat pompeuze ijspaleis van Jo Coenen?

Het gebouw aan de Prinsengracht is amper dertig jaar geleden gebouwd door Rob Nord, één van de kroonprinsen van architectenbureau Gerard de Klerk dat zich in de jaren zeventig toelegde op 'nieuwe invullingen op gevoelige locaties in de binnenstad'. De firma heeft het Sonesta Hotel op zijn naam staan aan het Kattegat, het Holiday Inn Hotel aan de Nieuwezijds Voorburgwal en het Marriot Hotel aan het Leidsebosje, waarvoor de Koepelkerk en het Persilhuis tegen de vlakte gingen. Net als het gebouw van de Openbare Bibliotheek, zijn het stuk voor stuk architectonische miskleunen. Gebouwen waar je nooit aan went.

De Prinsengracht is een halsketting rond de oude binnenstad van grachtenhuizen, werkplaatsen, pakhuizen en fabriekjes op menselijke maat. Dat ritme wordt regelmatig onderbroken door gebouwen die in hoogte en breedte hun buren in de schaduw stellen. Als je de Amsterdamse verhoudingen kent, begrijp je hoe dat komt. De patriciërshuizen aan de Herengracht en de Keizersgracht sloop je niet zomaar, en zeker niet voor instellingen tot algemeen nut: scholen, weeshuizen, een ziekenhuis, de brandweer, de rechtbank en een bibliotheek. Zonder enig gevoel van gêne is langs de Prinsengracht altijd gesloopt en gebroken.

Het monument van Vincent van Rossem

Op de plaats waar nu de Openbare Bibliotheek staat te verkommeren, stond tot 1973, tussen de matrassenfabriek die nu Cristofori heet en een sierlijk pakhuis, een groot fabriekscomplex uit de negentiende eeuw. Daarvoor in de plaats kwam de bibliotheek, een soort kantoorgebouw dat beter in Buitenveldert had kunnen staan. Vooral door de niet-symmetrische raampartijen en de onlogisch verspringende daklijsten was de bibliotheek een vreemde eend aan de gracht.

Zoals gebruikelijk hebben de Amsterdamse bestuurders op het Oosterdok iets nieuws laten neerzetten, zonder nog één gedachte te wijden aan de toekomst van het weeskind dat ze achterlieten. Al die vierkante meters die staan te versloffen totdat krakers zich erover ontfermen, en wie geeft hun ongelijk? Als het aan Paul Geertman en Marcel Wanders ligt, ontspringt de bibliotheek deze macabere dans.

Geertman is directeur van de Amsterdamse projectontwikkelaar Aedes in de Professor Tulpstraat bij het Amstel Hotel, het bedrijf dat een school in de Westerstraat heeft omgetoverd tot een bedrijfsverzamelgebouw voor jonge, creatieve ondernemers. Wanders is één van de veelbelovende, prijswinnende ontwerpers in Nederland. Samen hebben ze het Westerhuis in de Westerstraat tot een succes gemaakt en samen willen ze de bibliotheek aan de Prinsengracht nieuw leven inblazen. Hun plan: een vijfsterren hotel. Niet zomaar een hotel, maar een 'design hotel' met alle denkbare faciliteiten. De gevel van Rob Nord zou moeten wijken voor een gevel met symmetrische raampartijen en een rechte daklijst die aansluit bij de omgeving.

Hoe gaat zoiets? Kort na de verhuizing van de bibliotheek, in juli 2007, gingen Geertman en Wanders in onderhandeling met de eigenaar van het gebouw. De koop zou snel kunnen worden gesloten en stadsdeelvoorzitter Els Iping drong er bij Geertman op aan daartoe inderdaad over te gaan. Maar voordat Geertman zijn handtekening zette, wilde hij er zeker van zijn dat het bestuur van stadsdeel Amsterdam-Centrum er positief tegenover stond. Hij verwachtte geen garanties, zei hij, maar wilde wel kunnen rekenen op constructieve medewerking. Die toezegging kreeg hij daadwerkelijk van Iping en portefeuillehouder Erik Koldenhof. De twee stadsdeelbestuurders waren ronduit enthousiast.

Maar nu begint de ellende. Geertman hoorde maar niets en begin december 2007, twee weken voordat de koop beklonken had kunnen worden, schreef hij 'met gevoel voor urgentie' dat hij zwart op wit wilde hebben dat het stadsdeelbestuur zou meewerken aan de noodzakelijke wijziging van de bestemming van het gebouw. Het had een maatschappelijke functie en moest een hotelfunctie krijgen. Uiteindelijk kregen Geertman en Wanders de toezegging vlak voor de aankoop.

Na de koop — voor enkele tientallen miljoenen werd

VERBODEN
FIETSEN TE PLAATSEN
WEGKNIPREGELING

370A T/M 372C

Geertman de nieuwe eigenaar — leek alles plotseling op losse schroeven te staan. Aedes wilde zo spoedig mogelijk aan de slag, maar werd volkomen verrast door geluiden uit de gemeente: als er al hotelkamers zouden worden verstrekt, dan diende dat 'eerlijk' te gebeuren en alle aanvragers een gelijke kans te krijgen. Aedes was natuurlijk niet de enige belangstellende. Het is zelfs nu nog niet in kannen en kruiken dát er hotelkamers zullen komen en zo ja, hoeveel. Er was namelijk een 'Hotelnota' in de maak waarin de binnenstad duizend kamers toebedeeld zou krijgen, maar deze zou door de gemeenteraad pas in mei 2008 worden vastgesteld.

Om vervolgens voor kamers in aanmerking te komen, was er een speciale aanvraag nodig — à raison van enkele tienduizenden euro's. Daarna werd er een loterij georganiseerd onder toezicht van een notaris. De aanvragers moesten dus maar afwachten of hun lot zou worden getrokken. Geertman had mazzel, zijn lootje kwam in juni 2008 uit de hoge hoed, en zo leek er na een halfjaar een einde te komen aan alle onzekerheid.

Inmiddels zijn de medewerkers van Aedes met diverse ambtelijke instanties verstrikt geraakt in allerlei besprekingen over technische en bureaucratische kwesties. De Aedesclub krijgt het gevoel dat hun gesprekspartners langs elkaar heen werken. De ambtenaren hebben allemaal hun eigen winkeltje en communiceren niet met elkaar. Om het nieuwe hotel in de zomer van 2010 te kunnen openen, moest er zo spoedig mogelijk met breken en bouwen worden begonnen.

Vergeet het maar. In juni 2008 liet het stadsdeel weten dat het nog lang kon duren voordat er zekerheid zou zijn over het aantal hotelkamers dat Geertman mocht inrichten. De Hotelnota bepaalde dat er van de duizend nieuwe hotelkamers in de binnenstad slechts 150 binnen de grachtengordel mochten komen. Geertman kreeg informeel 123 kamers toegewezen, maar dat betekende nog geen zekerheid. Hij moest een nieuwe bouwaanvraag indienen en steeds werden andere eisen op tafel gelegd: over de afmetingen van de gebouwen, de inrichting van de binnentuin, de horeca-activiteiten, de toegankelijkheid voor algemeen publiek. Gek werden ze ervan in de Professor Tulpstraat, maar het ergste moest nog komen.

In augustus 2008 schreef de Bond Heemschut, Vereniging tot bescherming van cultuurmonumenten, een brief aan het stadsdeelbestuur. De Bond vindt dat de Openbare Bibliotheek op de monumentenlijst moet. Dat is een drama, want daarmee wordt niet alleen een handvol zand in de machine gegooid, maar een hele kruiwagen omgekieperd. Op de voorlopige monumentenlijst van honderd naoorlogse gebouwen ontbreekt weliswaar de bibliotheek, maar dat zou een omissie zijn. 'Het pand is een karakteristiek, gaaf en architectonisch hoogwaardig voorbeeld van inpassingsarchitectuur in de Amsterdamse binnenstad uit de jaren zeventig van de twintigste eeuw en dient daarom

Het monster van Duintjer verkracht een oud schooltje

behouden te blijven,' volgens secretaris David Mulder. De Bond heeft er vooral bezwaar tegen dat de gevel wordt vervangen door 'historiserende nieuwbouw'.

Op zijn vraag of hij dit serieus moet nemen, krijgt Geertman op het stadsdeelkantoor de verzekering dat er geen sprake van kan zijn dat zo'n lelijk gebouw een monumentenstatus krijgt. Maar dan hebben ze buiten de waard gerekend. Op het Bureau Monumenten en Archeologie heerst Vincent van Rossem. Hij is niet de directeur van het BMA, maar wel de baas. Alles duurt eeuwen, maar dít akkevietje is in een oogwenk geregeld. In twee maanden is de bibliotheek een monument. Dat betekent wéér nieuwe bouwaanvragen. De buitenkant moet blijven zoals hij is. Zelfs de kleur van de kozijnen wordt voorgeschreven: wat wit is, moet bruin worden.

Dit leidt opnieuw tot vertraging; het hotel zal nu op z'n vroegst in de zomer van 2011 opengaan. Het uitstel kost duizenden euro's per dag, alleen al aan rentelasten. Daar komt nog bij: onroerendezaakbelasting, de kosten van antikraak (gas, licht en water), extra tekenwerk, leges voor de tweede bouwaanvraag.

We vatten samen: twee gedreven ondernemers krijgen applaus van gekozen bestuurders, maar gans het raderwerk ligt stil als Vincent van Rossem dat wil. O ironie, waar altijd met het grootste gemak gesloopt en gebroken is, wordt uitgerekend deze vreselijke miskleun aan de Prinsengracht van de vergeten architecten Rob Nord en Gerard de Klerk plotseling eeuwigheidswaarde toebedacht.

Ironisch, ja, maar ook verontrustend. De Heemschutters hebben zich nooit iets aan de Prinsengracht gelegen laten liggen. De glorie van de Gouden Eeuw straalt immers af van de Herengracht en de Keizersgracht, niet van de Prinsengracht. Op de Herengracht en Keizersgracht kennen zij iedere baksteen bij naam en toenaam, boekenkasten zijn erover volgeschreven. Maar in de literatuur is de Prinsengracht het lelijke stiefzusje, waarmee je alles mag uithalen. En gelukkig maar, want juist daardoor is de Prinsengracht de Prinsengracht: altijd in beweging. Als de monumentenpolitie ook hier actief wordt, wat staat ons dan te wachten?

Het ondenkbare is denkbaar. In de jaren zestig stond Amsterdam op z'n kop over de uitbreidingsplannen van de Algemene Bank Nederland (ABN) in de Vijzelstraat. Er was een ontwerp van Marius Duintjer, dé architect van kerken en kantoorkolossen in de jaren van de wederopbouw. Onder de slogan 'Ban de Bank' brak hiertegen massaal verzet los. Provo's en de deftige leden van de Bond Heemschut, jazeker, diezelfde bond, stonden hand in hand. Oud-burgemeester d'Ailly, toen voorzitter van de Bond Heemschut, publiceerde de brochure 'Door de bank genomen', waarin hij zich keerde tegen de regentenstijl

Paleis van Justitie

waarmee alles werd doorgedrukt. Maar de slopers kenden geen genade; tussen de Keizersgracht en de Prinsengracht verrees nog zo'n gebouw waar je nooit aan went.

Het is geen grap, ook deze puist van beton en glas mag, nee móet, als het aan Bureau Monumenten en Archeologie ligt, op een monumentenlijst—de Top Honderd Jonge Monumenten. Niet omdat het gebouw de stad zou sieren, zelfs niet omdat het architectonische waarde zou hebben, maar omdat het herinnert aan een veelbewogen periode uit de Amsterdamse geschiedenis. Het bankgebouw van Duintjer, dat aan de Prinsengrachtkant het mooie, oude schoolgebouw wegdrukt waarin het Luzac College huist, was de laatste stuiptrekking van de kaalslag- en doorbraakwoede van de naoorlogse bestuurders. 'Terugkijkend op deze voor de stad belangwekkende cultuuromslag kan gesteld worden dat de komst van Duintjers gewraakte bankgebouw als katalysator heeft gewerkt,' schrijft de club van Vincent van Rossem in een advies aan het gemeentebestuur. 'Het gebouw heeft met andere woorden ook een monumentale betekenis in de zin van gedenkteken.'

PALEIS MET PISBAK De grachtengordel is in twee etappes gebouwd. De eerste helft van de halve maan —van IJ tot Leidsegracht—werd gegraven vanaf 1613, de tweede helft—tot de Amstel—na 1663. Tegelijk met de nieuwe uitleg richtte het gemeentebestuur een eigen tehuis op voor vondelingen en kinderen die hun ouders hadden verloren. In januari 1613 werd een College van Aalmoezeniers of Armenvaders ingesteld dat moest zorgen voor de wezen, die tot dan altijd door kerken waren opgevangen. De behuizing in de binnenstad werd spoedig te klein. Tussen de Leidsegracht en wat nu de Leidsestraat is, maar toen een smalle vaart met een paar huizen en molens, lag een stuk boerenland dat het stadsbestuur in 1663 onteigende voor de bouw van T'Almosseniers Huys. Stadsarchitect Daniël Stalpaert, die al 's Lands Zeemagazijn in het Oosterdok—tegenwoordig het Scheepvaartmuseum—had gebouwd en nog bezig was met de voltooiing van het stadhuis op de Dam—tegenwoordig helaas het Koninklijk Paleis—kreeg de opdracht het weeshuis te bouwen. Het werd een prachtig, klassiek gebouw, een paleis voor maar liefst achthonderd kinderen.

Het weeshuis werd voortdurend uitgebreid vanwege de snelle toename van het aantal ouderloze kinderen in de stad. Begin negentiende eeuw, tijdens en na de Franse bezetting, toen er een langdurige economische recessie heerste, werd de toestand onhoudbaar. Een bezorgde arts bezocht het tehuis en trok aan de bel. 'Bijna alle kinderen zijn te klein van gedaante, zijn niet tot volle wasdom gekomen en hebben een verzwakte maag,' rapporteerde hij. 'Ze zijn bleek van kleur, hebben last van huidziekten en hoofdzeer. Er slapen drie tot vijf kinderen in een krib, de kamers zijn niet afdoende gelucht en er zijn teveel

Pisbak voor de rechters

kinderen in een vertrek. Het eten is te zwaar en er is te weinig, met als gevolg, dat er schrokkerig wordt gegeten om genoeg te krijgen.' Het sterftecijfer in het overbevolkte weeshuis, waar ruim 2400 kinderen opgeborgen waren, was verbijsterend: één op de dertig.

De regering in Den Haag greep in. De Fransen hadden een nieuw rechtsstelsel ingevoerd, overgenomen door de nieuwe koning Willem I, dat het land verdeelde in arrondissementen en kantons. Amsterdam moest een gerechtsgebouw krijgen. Het oog viel op het Aalmoezenierswees-huis, dat door alle uitbreidingen inmiddels honderd meter breed geworden was. Den Haag vond bovendien dat Amsterdam nog veel te gul was voor die arme kinderen en vaardigde een decreet uit dat ze moesten worden overgeplaatst naar rijkskinderkolonies in Veenhuizen en Ommeschans. Het verzet van de stadsbestuurders en de bevolking tegen de ontruiming was zó groot dat de kinderen, om rellen te voorkomen, op 1 mei 1825 in het holst van de nacht op dekschuiten werden gedeporteerd.

De stadsarchitect Jan de Greef moest het weeshuis ombouwen tot een Paleis van Justitie. Zonder enig respect voor zijn grote voorganger Stalpaert haalde De Greef de voorgevel neer en verving die door een aangezicht waarmee de overheid haar onderdanen kon imponeren en kleinhouden. Weer zo'n gebouw waar je niet aan went. Het stadsbestuur gooide er nog een schepje bovenop. Zo'n voornaam paleis aan een vieze stinkgracht, dat was toch een affront. De Prinsengracht moest tussen de Leidsegracht en de Leidsestraat gedempt worden, omdat 'het Paleis van Justitie zonder deze demping altoos zeer onvolkomen zoude zijn en een zeer ongunstig denkbeeld van den smaak onzer natie en van het stadsbestuur geven'.

Dat plein is er gelukkig niet gekomen. Wél werd de kade voor het gerechtsgebouw, dat in 1836 plechtig werd ingewijd, verbreed om ruimte te creëren voor de koetsen van de hoogwaardigheidsbekleders. Er staat nu een originele Amsterdamse pisbak.

Het zal niet lang meer duren of het gebouw wordt opnieuw ontruimd. De Openbare Bibliotheek is verhuisd naar het Oosterdok, bij het Westerdok is een nieuw Paleis van Justitie in aanbouw. Wat er gaat gebeuren met het verweesde Weeshuis, dát weet weer niemand. Besturen is vooruitzien, maar niet in Amsterdam. Net zoals bij de Openbare Bibliotheek wordt er iets nieuws neergezet zonder dat er een besluit is genomen over de bestemming van het oude onderkomen. Een tweede Hilton kan er niet komen, want dan moet de Hotelnota van stadsdeel Amsterdam-Centrum worden herschreven. De oude gevel van Stalpaert terughalen? Ondenkbaar, Vincent van Rossem staat al in de startblokken. Dit gebouw moet je zien in zijn tijd, en hoeveel monumenten hebben we eigenlijk uit de eerste helft van de negentiende eeuw? Dat wordt dus weer jarenlang leegstand en verloedering.

Dankbare weeskindertjes

HOLEN VAN ELLENDE In 1829 ging een mare door heel Europa dat er een verschrikkelijke ziekte in aantocht was: de Aziatische braakloop. De ziekte sloeg van het ene op het andere moment toe en veroorzaakte hevige braakneigingen en een onstuitbare buikloop. Het lichaam stroomt letterlijk leeg. De ogen worden dof, de zintuigen nemen af, de patiënt wordt ijskoud en krijgt een bleke, groenblauwe kleur, vingers en tenen krommen zich, de huid verliest alle veerkracht en is bedekt met glimmend, koud zweet, de stem krijgt een doffe klank, wordt hees en is spoedig nauwelijks meer hoorbaar. Het gebeurt razendsnel. Iemand die 's morgens nog in blakende gezondheid verkeert, is 's middags een levend lijk. In alle Europese steden sloeg de paniek toe. De nieuwe ziekte, cholera, kwam steeds dichterbij, en in de zomer van 1832 werd ook Amsterdam getroffen—voornamelijk in de Jodenbuurt en de noordelijkste punt van de Jordaan, achter de Noordermarkt.

In dat jaar voltooide Jan Pieter Heije, zoon van een barbiersknecht op het Oude Kerksplein, zijn medische studie en vestigde zich als 'praktiserend geneesheer', 23 jaar oud. Hij kon meteen beginnen als nachtelijke cholerawacht in een buurtgebouw. Overdag legde hij huisbezoeken af. Daar was veel moed voor nodig, en hij verdiende er dan ook een zilveren medaille mee van het stadsbestuur.

We kennen Heije vandaag als de dichter van zoetsappige kinderliedjes ('Klein, klein kleutertje', 'Zie de maan schijnt door de bomen', 'Karretje langs de zandweg reed') en nationalistische volksliederen ('Ferme jongens, stoere knapen', 'De zilvervloot'). Maar vergeten is dat hij vooral een pionier was van een nieuwe, empirische geneeskunde. Hij richtte een invloedrijk medisch tijdschrift op en ijverde voor een instantie die maatregelen moest treffen wanneer de volksgezondheid ergens in gevaar was. Die instelling zou bordelen, gasthuizen en gevangenissen moeten inspecteren, bouwvoorschriften uitvaardigen voor scholen, fabrieken, kazernes en woningen, kwakzalverij bestrijden, rampenplannen opstellen, toezien op arbeidsomstandigheden, de bodemgesteldheid bestuderen en voedsel en dranken keuren.

Amsterdam had in die tijd twee ziekenhuizen: het Binnen Gasthuis en het Buiten Gasthuis, het voormalige pesthuis bij de Overtoom. De omstandigheden waren erbarmelijk, vooral tijdens epidemieën. De historicus J.A. Verdoorn schrijft in zijn dissertatie 'Het gezondheidswezen te Amsterdam in de 19de eeuw': 'Beide gasthuizen waren totaal ongeschikt, te klein, donker, somber en door en door smerig, aangezien de binnengekomen patiënten, onder wie vele bedelaars, als regel niet werden gebaad en er ook geen ziekenhuiskleding werd verstrekt, zodat de "kribben" bevolkt waren met patiënten die daar, in hun

VEREENIGING
VOOR
ZIEKEN-VERPLEGING.

met ongedierte verontreinigde kleren, in werden gelegd.' Wie opgenomen werd, ging een wisse dood tegemoet, dus wie het kon betalen, liet zich thuis verplegen.

Dokter Heije richtte in 1843 met zes gerenommeerde stadgenoten de Vereeniging voor Ziekenverpleging op.

> Ik wil u niet bedroeven,' schreef hij, 'door de schildering van tooneelen, waarvan ik dikwerf ooggetuige was. Toch moet men die holen van ellende doorkropen hebben, om te kunnen gelooven en begrijpen, wat daar geleden wordt, en hoevele slagtoffers daar vallen, die de geneeskunst welligt nog had kunnen redden, zoo hare onmisbare bondgenooten, eene goede verpleging haar niet ontbroken had.

Dochters van vooraanstaande families die niets omhanden hadden, bood hij een respectabele tijdsbesteding als 'pleegzusters'. Ze mochten geen geschenken aannemen en moesten verpleging als liefdewerk beschouwen.

Jan Pieter Heije woonde zelf op de Prinsengracht, bij de Vijzelstraat. In 1853, toen Amsterdam geteisterd werd door de derde grote cholera-epidemie, kocht hij namens de Vereeniging vier pakhuizen aan de gracht, tussen de Nieuwe Spiegelstraat en de Leidsestraat een uitgekiende plek om zijn idealen in de praktijk te brengen. De heersende medische stand hing de 'natuurfilosofische benadering' aan, gebaseerd op bijgeloof en speculaties. Heije wilde waarnemen, meten, vergelijken en experimenteren. Waar doe je dat beter dan in een eigen 'gesticht'—een schoon, goed geoutilleerd ziekenhuis, waar je de verpleging zelf in handen hebt?

De groep vooruitstrevende liberalen rondom Jan Pieter Heije trok Jan Leliman aan, een toonaangevende architect in Amsterdam. Hij adviseerde de aangrenzende ververij De Zon erbij te kopen, omdat het bouwterrein nog te smal was. Vier jaar later, op 11 juni 1857, werd het Prinsengrachtziekenhuis geopend, een gebeurtenis van de eerste orde, omdat dit het eerste particuliere ziekenhuis van de stad was. Het was bestemd voor welgestelden die hun eigen dienstboden meenamen, voor de gegoede burgerstand, voor de fatsoenlijk mingegoeden en voor personen uit de kleine burgerstand.

Leliman heeft er iets moois van gemaakt. In de geest van zijn opdrachtgevers, geen opgeblazen overheid die het volk wil imponeren, maar sociaal voelende burgerheren, nauw verbonden met de stad en de stadsbevolking. Het hospitaal van Leliman voegde zich meteen in het ritme van de gracht, meer nog: het zweept dat ritme op. Het is een groot complex, 65 meter breed, maar het ziet er —afgezien van een lelijke aanbouw uit de jaren tachtig— uit als een rij grachtenhuizen met symmetrische vensters en een bescheiden, democratische ingang. Een gebouw waar je meteen aan went.

Het is kantje boord geweest of het Prinsengrachtzieken-

Het ziekenhuis

Zo is het maar net

huis had hetzelfde lot ondergaan als de Openbare Bibliotheek en binnenkort het Paleis van Justitie. Vanaf het midden van de jaren zeventig van de vorige eeuw moest het ziekenhuis voortdurend vechten voor zijn voortbestaan. De autoriteiten in Den Haag wilden alle kleine en oude ziekenhuizen dichtgooien. Het lot van leegstand en verslonzing bleef het levenswerk van Jan Pieter Heije bespaard doordat er een fusie tot stand kwam met het Onze Lieve Vrouwe Gasthuis. Het functioneert nu als gemoderniseerde polikliniek en diagnostisch centrum.

Drie reuzen op de Prinsengracht: de Openbare Bibliotheek is dood, het Paleis van Justitie is op sterven na dood, maar het Prinsengrachtziekenhuis zindert van leven. De lange rijen fietsenrekken voor de deur staan altijd vol. Dat is rechtvaardigheid: wat lelijk is en vijandig voor zijn omgeving is ten dode opgeschreven, wat zich niet te goed voelt voor zijn omgeving overleeft.

Restanten van een Roomse schuilkerk

7

ZOU ER OOK EEN JORDAAN IN DE HEMEL BESTAAN?

De Prinsengracht is een encyclopedie van gevelstenen: raadseltjes, beesten, oude en nieuwe beroepen, familiewapens, een Griekse god die zijn kinderen verorbert. Helemaal aan het begin, op de nummers 1, 3 en 5, hangt een Bijbelclub: tussen de apostelen Sint Petrus en Sint Paulus dineert de uit de dood verrezen Jezus met twee Emmaüsgangers. Roomser kan het niet. Wat doen die eeuwenoude plaatjes op drie doorsnee grachtenhuizen?

Het huis op nummer 7 heeft ook een ornament: een posthoorn boven de voordeur. Daar was ooit de postkoetsdienst naar Haarlem gevestigd. Eind zeventiende eeuw werd achter dit station een katholieke schuilkerk gebouwd. Het voormalige station werd de kosterij. Papen mochten in het protestantse Amsterdam, na de Beeldenstorm van 1578, niet meer in het openbaar hun godsdienst belijden. Er werden geen brandstapels opgericht en ze konden hun gang gaan zolang 'wij' het maar niet zagen.

Prinsengracht 7 staat schuin tegenover de Noorderkerk, waar sinds het begin van de zeventiende eeuw het protestantse werkvolk van de Jordaan op zondag samenstroomde. Om bonje te voorkomen, verbood het stadsbestuur de Posthoornkatholieken hun schuilkerk via de Prinsengracht binnen te gaan. Er moest een gang komen naar de Brouwersgracht. Dat gangetje bestaat nog steeds, en in het oude kerkje zit nu drukkerij De Briefhoofden.

Dat Petrus, Paulus en de Emmaüsgangers het begin van de gracht markeren, kan dus niet kloppen, want dan zouden 'wij' protestanten het immers hebben gezien. Die gevelstenen hingen dan ook in dat gangetje en zijn nog maar kort geleden naar de voorkant verhuisd. Zo komt een stad voor een dubbeltje aan haar tolerante imago.

Rondom het schuilkerkje is een Roomse enclave gegroeid. Het café aan de overkant heet Het Papeneiland. Het staat op de punt van wat een schiereilandje was tussen de Lindengracht, Brouwersgracht en Prinsengracht. Toen de Prinsengracht net was gegraven, vestigde zich hier een kistenmaker die er in 1641 een hoekhuis liet bouwen. Alle geveltoeristen van Amsterdam maken even een ommetje naar de Prinsengracht om dit kleinood te bewonderen. Vooral die twee haaks op elkaar staande trapgevels brengen iedereen in extase.

Het Papeneiland

De Duif

Daar is ook iets mis mee. In 1918 werd het hoekhuis, dat toen al diverse keren van gedaante was veranderd, aangekocht door de Vereniging Hendrick de Keyser. Het werd gerestaureerd door de architect A.A. Kok, die zich ergerde aan de twee trapgevels. De geschiedenis werd daarmee geweld aangedaan, vond hij: 'Een valsche 17-de eeuwsche trap op een 18-de eeuwsche top.' Maar bij een tweede restauratie, in de jaren vijftig, werden Koks tuitgevels toch weer vervangen door trapgevels.

Waarom het Papeneiland zo heet, Petrus mag het weten. Het verhaal gaat dat er, onder de Prinsengracht door, een geheime tunnel was gegraven van de schuilkerk naar de kelder van het hoekhuis. De katholieken zouden via die gang de stad hebben kunnen ontvluchten als de protestantse furie weer eens zou losbarsten.

In de negentiende eeuw was de tunnel niet meer nodig; de katholieken waren uit de kast gekomen. In 1859 kochten ze grond aan de Haarlemmer Houttuinen, om de hoek van de Korte Prinsengracht, en daar mocht de roomse kathedralenbouwer Pierre Cuypers zich uitleven. De nieuwe kerk, die later werd uitgebouwd tot aan de Haarlemmerstraat met haar twee spitsen, erfde van het schuilkerkje de banale, wereldse naam: Posthoornkerk. Naast de kerk verrees een tweede katholiek bolwerk: de Sint Antonia Kweekschool en Sint Antonia Mulo. En Hans Nieuwenhuijse ging met zijn broers elke dag naar de Sancta Maria School op Prinsengracht 29.

Op weg naar een ander katholiek bolwerk aan de Prinsengracht, De Duif, kom je langs de voormalige Sint Piusschool, een buurvrouw van het Prinsengrachtziekenhuis. De school was een gebouw met een klooster dat tot in de Kerkstraat liep. Dat was de Roomse meisjesschool van Mia Wouda, de latere echtgenote van Hans Nieuwenhuijse. De Duif was de eerste katholieke kerk die in Amsterdam na de Beeldenstorm werd gebouwd. In 1794 ging suikerraffinaderij De Fortuin, recht tegenover de Amstelkerk, in vlammen op. Het roomse volk dat ook een schuilkerk bezocht, het Vredesduifje in de buurt van het klooster in de Kerkstraat, kocht dat braakliggende terrein meteen op. Twee jaar later konden de protestanten van de Amstelkerk en de katholieken van De Duif elke zondagmorgen naar elkaar wuiven; de godsdienstvrede was blijkbaar getekend. Zestig jaar later maakte de roomse kerkenbouwer Theo Molkenboer er een monumentale, Italiaanse kerk van.

De Posthoornkerk en De Duif hebben drie dingen gemeen. Eén: de naam is ontleend aan het onderduikverleden. Twee: ze zijn geen kerk meer. Drie: ze zijn wel groot, maar ze staan op een tweederangsplek — zonder plein.

Toen Amsterdam in 1614 begon met het graven van de Prinsengracht, reserveerde het stadsbestuur twee enorme lappen grond. Dat gebeurde nog een keer in de tweede helft van de Gouden Eeuw, toen de gracht werd door-

Kosterswoning Noorderkerk

getrokken naar de Amstel. Dat was een stedenbouwkundig novum. De oude stad van toen, binnen het Singel, zat mudjevol. De nieuwe uitleg was de redding van Amsterdam; er kon eindelijk weer fatsoenlijk gebouwd worden. De grondprijzen langs de nieuwe grachten vlogen omhoog. Onder die omstandigheden grote ruimten vrijhouden voor toekomstige projecten, al was het maar aan de Prinsengracht, getuigde van visie.

Zo kreeg de Prinsengracht drie schitterende stadspleinen die niet onderdeden voor de Dam. Die drie pleinen kregen drie kerken, geen schuilkerkjes, maar kathedralen van protestantisme: de Noorderkerk op de Noordermarkt, de Westerkerk op de Westermarkt en de Amstelkerk op het Amstelveld. Dat hadden de heren Molkenboer en Cuypers ook wel gewild, maar ze waren te laat. Zij moesten hun godshuizen gewoon inpassen tussen woonhuizen en werkplaatsen.

DE HEL Op een dag in september 1849 wandelde dominee Jan de Liefde door de Jordaan. Via het Papeneiland liep hij naar Goudsbloemgracht, tegenwoordig de Willemsstraat. Daar kon hij niet verder. Wat hij zag, overtrof alles wat hij ooit had gezien. Op de brug bij de Brouwersgracht werd hij bevangen door alle ellende, vervuiling, armoede en zonde. Er was net een tweede cholera-epidemie uitgebroken in de stad en weer was de omgeving van de Goudsbloemgracht het centrum van de hel, net als in 1832. Hij zag een een vrouw die viskisten stond schoon te maken. Hij liep naar haar toe en vroeg of hij bij haar thuis Bijbellezingen mocht houden. De eerste keer bestond het gehoor uit drie vrouwen en een blinde orgeldraaier, zo melden toegewijde geschiedschrijvers. Maar al snel was het huis te klein omdat honderden belangstellenden toestroomden.

Dominee De Liefde was nog jong, 35 jaar. Over zijn leven doen allerlei verhalen de ronde, die op geen enkele manier met elkaar te rijmen vallen. Volgens de één werd hij geboren als zoon van de koster van de doopsgezinde schuilkerk aan het Singel, volgens de ander was zijn vader een Haarlemse winkelier in vloerkleden en matten. Na een paar jaar te hebben gepreekt in Friesland en de Achterhoek kwam De Liefde naar Amsterdam. Volgens de één ging hij wonen in een huis aan de Herengracht, volgens de ander op Prinsengracht 256, bij de hoek van de Lauriergracht.

De Liefde was allergisch voor de omgangsvormen in de officiële protestantse kerk, met zijn ‘reglementen en statuten, waarbij een beroep op Gods Woord even krachteloos is als bij den Roomschen paus’, en kwam over de vloer bij de Christelijke Vrienden van het Réveil, zoals Isaac da Costa en Guillaume Groen van Prinsterer. Hij brak met de kerk en stichtte zijn eigen Vrije Evangelische Gemeente. Zijn roeping was de arme Jordanezen tot het echte geloof te brengen ‘met een turf onder de ene arm en de bijbel

Woutertje en Femke

Noorderkerk

onder de andere'. Jan de Liefde werd grondlegger van het evangelisatiewerk. Bij hem thuis, laten we maar aannemen op de Prinsengracht, begon hij een evangelistenschool. De cursisten moesten 's avonds de Jordaan in. De onder zijn bezielende leiding opgerichte Vereeniging Tot Heil des Volks richtte scholen op waar kinderen van paupers niet alleen onderwijs, maar ook kleding, voedsel en een wasbeurt kregen. Er kwamen naai- en breischolen voor vrouwen, avondscholen, kinderkerken, volksvoorlezingen, armenzorg, zusterkringen, zelfs scholen voor bejaarden.

De onvermoeibare dominee ging niet alleen de straat op, hij schreef een bibliotheek vol theologische verhandelingen, stichtelijke verhalen—'Nathan de kajuitsjongen', 'Zadok, de verworpeling Israëls'—geschiedenisboeken, kinder- en jeugdboeken, schoolboeken, een onoverzienbare reeks 'leerredes', zoals—in 1853, tijdens de derde uitbarsting van Aziatische braakloop—'De cholera, een roede in de hand des Heeren'. En hij schreef en componeerde talloze geestelijke liederen: 'Van U zijn alle dingen', 'Weet gij hoeveel sterren kleven', 'Klokje klinkt'.

De geest van Jan de Liefde is nog springlevend. De gruwelijke armoede is uit de Jordaan verdwenen, de geestelijke nood niet. Tot Heil des Volks heeft in de Willemsstraat een opvangcentrum voor verslaafden, homo's en hoeren. Maar het officiële protestantisme is allang niet meer zo springlevend.

VOETBALLEN MET SCHEDELS In de zomer van 1620 werden de fundamenten gelegd voor zowel de Noorderkerk als de Westerkerk. Ze zijn beide ontworpen door Hendrick de Keyser, maar de verschillen hadden niet groter kunnen zijn. De Noorderkerk was in drie jaar klaar, over de bouw van de Westerkerk hebben ze ruim tien jaar gedaan. De Noorderkerk is sober, opgezet volgens strenge calvinistische principes. De Westerkerk is de grootste kerk ooit voor protestanten in Nederland gebouwd—in Renaissancestijl. Die kathedraal was voor de rijke kooplieden die in de Gouden Eeuw aan de Herengracht en de Keizergracht waren gaan wonen, de Noorderkerk was voor het voetvolk. Op het Amstelveld werd vijftig jaar later een houten preekschuur neergezet, in afwachting van betere tijden. De ontwerper was Daniël Stalpaert, de man van het Aalmoezeniershuis. In 1672 was het sprookje van de Gouden Eeuw voorbij. Holland werd van drie kanten onder de voet gelopen: door de Britten, de Fransen en de Duitsers uit Münster en Keulen. De houten Amstelkerk werd nooit vervangen en staat er nog steeds.

Na jaren van leegstand werd de Noorderkerk in de jaren zeventig een zwartekousenkerk, het zondagse toevluchtsoord voor het handjevol Gereformeerde Bonders dat Amsterdam nog kent. De Amstelkerk ging op 4 november 1986 voor 1 gulden over in handen van Stadsherstel, dat daar zijn kantoor vestigde. De kerkzaal kreeg een wereldse bestemming: muziekuitvoeringen, presentaties

Westertoren

en recepties. Sinds kort kerkt er op zondag het 170 leden tellende restant van de Christelijke Gereformeerde Kerk. Roem is vergankelijk, de laatsten der Mohikanen dragen nog het vaandel van de hegemonie van het Amsterdamse protestantisme.

De kerkmeesters van de kathedraal aan de Westermarkt hebben van alles bedacht om de enorme, ijskoude ruimte in tijden van ontkerstening vol te krijgen. In de jaren vijftig dirigeerde de organist Simon C. Jansen elke maand een Bachcantate tijdens zondagochtenddiensten van de bekende dominee H.A. Visser. Dat trok een hoop publiek, en dat kun je niet in de kou laten zitten. De eeuwenoude grafstenen werden gelicht om vloerverwarming aan te leggen. Dat was wat: met oude schedels werden voetbalwedstrijdjes gespeeld, misschien wel met die van Rembrandt, en studenten geneeskunde smokkelden lesmateriaal naar buiten. Je kon het zo gek niet bedenken of het werd georganiseerd in de Westerkerk, als er in godsnaam maar mensen zouden komen. Jeugddiensten, maaltijddiensten, Henk van Ulsen die de Bijbelboeken Prediker en Job voordroeg, discussiediensten over verkiezingen, homofilie, atoomwapens, Vissers opvolger Nico ter Linden die de Bijbel in de taal van vandaag 'hervertelde'.

Amsterdam onderscheidt zich op één punt van alle hoofdsteden in de wereld: de stad heeft geen protserige standbeelden van koningen, keizers en admiraals. Met de Amsterdamse kerken is het niet anders: er staan geen Sinterklazen voor de deur. Naast de Noorderkerk staat Multatuli's Woutertje Pieterse. Het jochie ging daar op catechisatie, maar dát wordt niet uitgebeeld. Woutertje staat er met zijn meisje, Femke, die een arm om hem heenslaat en vertederd naar hem kijkt. Naast de Amstelkerk staat 'Professor Kokadorus', de Joodse marktkoopman Meyer Linnewiel die begin vorige eeuw op deze plek bretels verkocht 'om je schoonmoeder aan op te hangen'. En naast de Westertoren staat, verscholen achter een haringkar, een lief schoolmeisje: Anne Frank, onzichtbaar voor de lange rijen toeristen bij het Anne Frank Huis aan de andere kant van de kerk.

Vooral de popularisering van de Westerkerk heeft extreme vormen aangenomen. Waar ooit de grafstenen werden gehakt en gebeiteld, zit nu een restaurant. Aan de achterkant is, tegenover het homomonument, een ordinaire souvenirs- en snuisterijenwinkel aan de kerk vastgeplakt. Pal voor de ingang ligt een steiger met een lange rij witte canal bikes: 'Fun hop on, hop off'. En tussen de ingang van de kerk en het Westerpoortje, de oude toegang tot het kerkhof, hangt een plaquette aan de muur ter ere van Willy Alberti, 'onze Amsterdamse tenore napolitano'. Boven z'n hoofd zijn twee regels uit zijn liederenrepertoire geschreven: 'O mooie Westertoren, hoog in die blauwe lucht…' Wat heeft Willy Alberti, een volkszanger uit de Jordaan, met de kerk te maken?

Rondom de Westerkerk

In 1981 verscheen een jubileumboek over de Westerkerk: *De Oude Wester 350 jaar*. À propos: weer iets wat niet klopt. De Oude Wester is de Westertoren, niet de Westerkerk, en die toren was pas klaar in 1638 en toen dus 'nog maar' 343 jaar oud. Dat boek kwam zeven jaar te vroeg. Het middelste hoofdstuk is geschreven door dominee Nico ter Linden en heet: 'Zingend geloven'. In dat hoofdstuk vinden we de oplossing van het raadsel. 'Wie nog 's ouderwets wil zingen,' begint de dominee,

> kan zondags in Amsterdam op de Prinsengracht terecht: 's ochtends in de Westerkerk, waar we met overgave de lofzang gaande houden, en 's middags schuin aan de overkant in café De Twee Zwaantjes, waar een al even bont gezelschap bij een accordeon de smartlappen van het bloemrijke Jordaanrepertoire galmt. Een mens knapt ervan op. Lofzangen zijn 't, 's ochtends zowel als 's middags, lofliederen die de schepping en de hemel bezingen, en de Jordaan met de Westertoren.

Hoe diep kun je hurken om je negotie aan de man te brengen? Nog dieper. De dominee raakt in extase bij het lied over de Wester van Louis Davids:

> O grijze, oude toren,
> jij staat daar jaren al,
> waar ik ook loop langs gracht of straat,
> je volgt me overal.
> Als jij zou gaan vertellen,
> wat jij al die jaren zo ziet,
> wat zou jij ons veel kunnen zeggen,
> maar, ouwe, je doet het maar niet.
>
> mooie, oude toren,
> hoog in die blauwe lucht,
> aan jou wijd ik m'n zangen,
> mijn zang, mijn lach, mijn zucht.
> Jij kent onze diepste geheimen,
> ons leed, onze smart en nog meer—
> jij speelt alleen je klokkenspel
> en kijkt zwijgend op ons neer.
>
> flinke, trotse toren,
> van eerbied ben 'k vervuld
> wanneer het gouden zonlicht
> je slanke spits omhult;
> als eens mijn laatste uur slaat,
> de krachten mij langzaam ontvliên,
> dan wil 'k aan mijn sponde een ruitje,
> waardoor ik jou, toren, kan zien.

Dominee ter Linden mag de geschiedenis graag hervertellen op zijn eigen manier. De plaquette aan de kerkmuur

Het Johnny Jordaanplein

die onder zijn inspirerende leiding in 1986 is aangebracht, klopt ook niet helemaal. De regels 'O mooie, oude toren, hoog in die blauwe lucht' op de plaquette zijn dus niet van Willy Alberti, maar van good old Louis Davids. Een kniesoor die erop let. 'De toren staat hier voor God, dat lijkt me duidelijk,' verkondigt de dominee met luide stem, 'en de vraag doet zich dan ook voor, of we straks in de hemel niet alleen God zullen aanschouwen, maar ook de Westertoren zullen weerzien. Van dit mysterie zingen we zondagsmiddags.'

> Zou er ook een Jordaan in de hemel bestaan
> net zoals in m'n oud Amsterdam?
> Zou er hoog in de lucht ook een torenklok slaan
> als de Wester in Amsterdam?

OPENLUCHTKERK Het overspel van dominee Ter Linden heeft geen vrucht gedragen. De ware Jordaankerk is een openluchtkerk en staat een eindje verderop, op de kop van de Elandsgracht. Deze kerk is opgericht door Hannie Pastor, een volbloed Jordanees, klein van stuk, grijs haar tot op de schouders. Hij loopt er altijd rond, als een vaderkloek die over zijn kindjes waakt.

De Elandsgracht is gedempt. Waar vroeger water was, is nu een brede parkeerstrook. Het verkeer gaat er aan weerszijden langs. De punt van die strook is door Pastor omgedoopt tot Johnny Jordaanplein. Aan de Prinsengrachtkant staat een fors elektriciteitshuisje, en voor dat huisje staan vier heiligenbeelden: Tante Leen en Johnny Jordaan, door Kees Verkade in brons gegoten, de accordeonist Johnny Meijer en bassist Manke Nelis, door Rob Cerneüs vereeuwigd. Eén kerkvader ontbreekt nog, maar die staat wél op het familieportret dat bovenop het dak van het huisje staat: de Napolitaanse tenor van dominee Nico.

Het geheel wordt van de buitenwereld afgeschermd door plantenbakken en struikgewas. Het huisje zelf is rondom versierd met pastorale voorstellingen: een veld met zonnebloemen en een groen weiland met bomen waartussen de Westertoren oppiept. Dat zal de artiest wel hebben gedaan die een paar huizen verder op zijn gevel Vincent van Gogh tussen de zonnebloemen heeft geschilderd. Hannie Pastor heeft de kunst goed afgekeken van collega Ter Linden; je moet met je tijd meegaan. Ging het in de Westerkerk nog over atoomwapens en homofilie, vandaag zijn milieu en leefbaarheid de sleutelwoorden van de moderne mens. In het groen staat rond de toren met grote letters: 'Bij ons in de Jordaan zal de leefbaarheid voortbestaan'.

789

P

Anne Frank Huis

8

VERBORGEN VERHALEN OVER ONDERDUIK EN VERZET

In juli 1946, twee maanden na de bevrijding, hervatte Koos Schregardus haar uitgeversactiviteiten. Dat was vier jaar en drie maanden nadat zij en haar partner en compagnon Tine van Klooster, in opdracht van de Duitse bezetter, hun uitgeverij De Spieghel aan de Prinsengracht hadden geliquideerd omdat ze geweigerd hadden toe te treden tot de Nederlandsche Kultuurkamer. In die korte periode zijn er in het Spieghelhuis, Prinsengracht 856, verschrikkelijke dingen gebeurd.

Nadat de uitgeverijen L.J. Veen en Ploegsma de oorlogsbuit — het fonds van de 'Twee Spieghels' — hadden verdeeld, raakten Tine van Klooster en Koos Schregardus betrokken bij de verzetsgroep van beeldhouwer Gerrit Jan van der Veen die zat ondergedoken boven de voormalige uitgeverij. Vanuit het Spieghelhuis leidde hij op 27 maart 1943 de aanslag op het Bevolkingsregister bij Artis, en een jaar later, in de nacht van 1 op 2 mei 1944, de overval op het Huis van Bewaring aan de Weteringschans waar verzetsstrijders gevangenzaten. Eén van de bewakers zat in het complot en deed de poort open. Van der Veen werd verrast door een waakhond, trok zijn pistool en schoot op het dier. Gealarmeerde bewakers vuurden op hem. Hij werd getroffen door twee kogels die zijn benen verlamden. Desondanks wist Van der Veen, zwaargewond, te ontkomen.

In het Spieghelhuis werd hij verpleegd door een team van vijf vrouwen: de twee uitgeefsters, de verpleegster Coos Frielink, de actrice Nell Knoop en de danseres Suzy van Hall, de zuster van beeldhouwer Frits van Hall en de echtgenote van schrijver Cees Kelk die een paar huizen verderop woonde; zij was Van der Veens minnares. Een bevriende chirurg kwam naar het onderduikadres om de kogels te verwijderen. De operatie lukte maar half.

De zaak werd verraden en anderhalve week later viel de Sicherheits Polizei het huis binnen. Gerrit Jan van der Veen, Suzy van Hall, Tine van Klooster en Coos Frielink werden gearresteerd. Het pand werd totaal leeggeroofd; het complete archief van de uitgeverij ging verloren. Van der Veen werd op 10 juni 1944 in de duinen bij Overveen gefusilleerd en de drie vrouwen werden overgebracht naar de gevangenis aan de Amstelveenseweg. Coos Frielink werd vrijgelaten, Tine van Klooster en Suzy van Hall werden via Vught naar Ravensbrück gedeporteerd. Tine stierf daar op 30 januari 1945, vijftig jaar oud.

Voor de deur van Anne Frank

Suzy van Hall kwam terug, gebroken, en werd door Koos Schregardus in huis opgenomen. In mei 1946 schreef Koos aan haar oude vriend en auteur Victor van Vriesland: 'Het huis Prinsengracht is nu weer van vreemde smetten vrij en de eerste Spieghelherdrukken zijn in gang.' Een jaar later verscheen een herdruk van Van Vrieslands befaamde bloemlezing *Spiegel van de Nederlandsche poëzie door alle eeuwen*. In de inleiding vertelt Van Vriesland dat de 'Spiegel' in 1942 werd verboden, maar dat de twee directrices bezig waren een clandestiene uitgave voor te bereiden. Ze hadden hiervoor een partij dundrukpapier op de kop getikt. Toen het boek klaar lag, werd de drukkerij getroffen door een bominslag.

Suzy van Hall trad na de oorlog in het voetspoor van Tine van Klooster. Tot begin jaren vijftig leidde zij, samen met Koos Schregardus, de uitgeverij, maar het vooroorlogse enthousiasme was verdwenen. De twee vrouwen kochten een boerderij in de Dordogne, het huis aan de Prinsengracht werd verhuurd. Het nieuwe adres van de uitgeverij werd de Moderne Boekhandel in de Leidsestraat. In 1956 verscheen de laatste fondslijst en in 1972 was het definitief afgelopen. Vier jaar later overleed Koos Schregardus in Frankrijk en nog weer twee jaar later Suzy van Hall.

Het is wrang, maar door de oorlog is de Prinsengracht tot in alle uithoeken van de wereld een begrip geworden. Dat komt omdat het Joodse meisje Anne Frank daar, op nummer 263, met haar familie ondergedoken heeft gezeten. Haar vader, Otto Frank, had in december 1940 zijn twee bedrijfjes (jam en specerijen) naar dit adres overgebracht en richtte zomer 1942 in het achterhuis een schuilplaats in. Ook zij werden verraden, en op 4 augustus 1944 viel Oberscharführer Karl Silberbaum binnen met vier Nederlandse handlangers. Alle onderduikers werden weggevoerd. Anne stierf in het concentratiekamp Bergen-Belsen. Door haar dagboek is dit adres een pelgrimsoord geworden. Bewoners, winkeliers, uitbaters van cafés en koffiehuizen aan de Prinsengracht worden dagelijks aangesproken door toeristen die de weg vragen naar het Anne Frank Huis. Soms worden ze daar tureluurs van. Rond het museum is een hele bedrijfstak gegroeid. Het studentenhuis op de hoek van de Westermarkt moest plaatsmaken voor een reusachtige aanbouw, ontworpen door de architect Mels Crouwel, een troosteloze doos die vloekt met zijn omgeving. Moet dat vrolijke, intelligente meisje daarmee worden herdacht?

Over Anne Frank, haar dagboek en het achterhuis zijn bibliotheken volgeschreven. Zo verschijnen hierover dit jaar alleen al bij Uitgeverij Boom twee nieuwe boeken: *Het Anne Frank Huis — Een biografie*, door Jos van der Lans & Herman Vuijsje, en *Otto Frank, de vader van Anne*, door Sandra van Beek. Wij hoeven daar niets aan toe te voegen.

Prinsengracht 466, Lau Mazirel

Prinsengracht 467, Theun de Vries

VERBORGEN VERHALEN Het verhaal over Prinsengracht 263, het Anne Frank Huis, is ten hemel schreiend. Maar veel andere verschrikkelijke verhalen zijn minder bekend, of zelfs helemaal niet. Ook in de oorlog waren er 'Prinsengrachtconstellaties'—groepen lotgenoten die elkaar opzochten of die, tegen wil en dank, op elkaar waren aangewezen. Laten we de gracht maar eens aflopen.

Op Prinsengracht 876 was in de oorlog Dionisius ('Dio') Remiëns ondergedoken. Hij was pikeur bij manege Danzig in Laren, maar vertrok in 1942 naar Amsterdam en werd actief bij de Persoons Bewijzen Centrale van Gerrit Jan van der Veen, die tien huizen verderop in het Spieghelhuis zat. Vanuit het huis van Remiëns werden explosieven geleverd voor de aanslag op het Bevolkingsregister. Remiëns was een moedig man die heel wat sabotageacties ondernam, in Amsterdam en het Gooi. Hij was lid van de verzetsgroep CS-6 rondom Reina Prinsen Geerligs. Ook Remiëns werd verraden, gearresteerd en—net als Van der Veen—gefusilleerd in de duinen. Het huis waar Remiëns woonde, bestaat niet meer; het is in de jaren zeventig gesloopt. Op die plek staat nu dat smakeloze huurcomplex uit de jaren tachtig, op de hoek van de Prinsengracht en de Amstel.

Op Prinsengracht 466 woonde en werkte sinds 1937 de advocate Laura Carola ('Lau') Mazirel, een geëngageerde vrouw die zich het lot aantrok van verschoppelingen—vluchtelingen, homoseksuelen, zigeuners, woonwagenbewoners. Ze was opvallend klein van stuk, maar moedig als een leeuwin. De manier waarop zij Joodse kinderen probeerde te redden, tart iedere beschrijving. Ze reed mee met kindertransporten die van het Centraal Station naar het oosten gingen en sprong dan in de bocht voor het Muiderpoortstation met een kind in haar armen de rijdende trein uit. Het verhaal gaat dat zij het was die de aanslag op het Bevolkingsregister in maart 1943 heeft bedacht. Maar Gerrit Jan van der Veen wilde haar er niet bij hebben: ze was te klein en zou daardoor te veel in de gaten lopen. Eind 1944 werd ook zij gearresteerd, maar ze werd vrijgelaten omdat haar dossier zoek was. Lau Mazirel is in 1974 overleden. Op Prinsengracht 466 zit nu de kapsalon Tjebbe Kapper.

André Köbben woonde tijdens de oorlog in Den Bosch, dat half november 1944 al bevrijd was. Hij liep over straat en zag een handkar staan met spullen die uit een NSB-winkel kwamen. Köbben snuffelde in de stapel nazi-propaganda en kon het niet laten twee brochures mee te nemen: één over het goede karakter van Adolf Hitler, de ander over hoe slecht Joden zijn. In de tweede brochure stond een foto van een marktkraam in Amsterdam waar koosjere kippen werden verkocht. Het bijschrift moest de wreedheid van Joden onderstrepen, want de kippen zouden een gruwelijke dood gestorven zijn.

Na de bevrijding van heel Nederland ging Köbben in Amsterdam studeren en werd 'abt' van het Nieuwe

Het duikhuis van Joop Snep

Suykerhofje, Prinsengracht 385. Die boekjes uit Den Bosch slingerden een keer in de gemeenschappelijke keuken rond van de kunstenaars en studenten die hier woonden. Eén van de bewoners was Menno Denneboom, een stille Joodse jongen die in het hofje ondergedoken had gezeten nadat zijn hele familie was weggevoerd en vermoord. Denneboom zat gefascineerd gebogen over het anti-Joodse pamflet en vroeg hem van wie die boekjes waren. Van mij, antwoordde Köbben, licht gegeneerd. Denneboom vroeg of hij het antisemitische boekje mocht hebben. Waarom? vroeg Köbben. Omdat op de foto van de kippenverkopers ook Menno's oudste broer stond. Hij had helemaal niets meer van zijn vermoorde familie, zelfs geen foto.

Het Nieuwe Suykerhofje was een gewild onderduikadres. Het lag verscholen en de jonge bewoners waren voor de duvel niet bang. Eén van hen was Sape Kuiper, net als Remiëns lid van de CS-6 groep, die een tandarts in Amsterdam-Zuid had doodgeschoten omdat hij Joodse patiënten aan Duitsers uitleverde. Toen Kuiper op de fiets wegvluchtte, dacht een glazenwasser dat hij een fietsendief was en gooide z'n ladder voor het rijwiel. Kuiper, nog maar 19 jaar, werd gearresteerd, mishandeld en op 1 oktober 1943 met Remiëns en nog zes andere leden van de groep bij Overveen vermoord.

Dit drama wordt uitvoerig beschreven in het Boekenweekgeschenk uit 1993: *In de mist van het schimmenrijk*, door W.F. Hermans. Madelon, de hoofdpersoon uit de novelle, vertelt over het hofje: 'Ze verstoppen Joden en als de politie komt kijken, laten ze de agenten door de Joden zelf rondleiden.' Dat moet Clemens Bruehl zijn geweest, een Duitse Jood die eind jaren dertig was gevlucht en in Amsterdam klassieke talen was gaan studeren. Een lefgozer, populair bij zijn medestudenten omdat hij de grootste verzameling boeken van allemaal bezat. Bruehl reisde geregeld voor het verzet met tassen vol wapens rond, en toen hij een keer door de Duitse politie in de trein werd gecontroleerd, wist hij zich er met een grap uit te redden. Hij keek schuldig en deed zich voor als Duitse soldaat die clandestien een meisje had bezocht in Utrecht en nu tegen de lamp liep. De controleurs begrepen het wel en lieten hem lachend gaan. We zullen je niet verraden hoor!

In de beginjaren van de oorlog bleef het hofje buiten schot, maar na de aanslag op het Bevolkingsregister veranderde dat. Al meteen in april 1943 viel de Sicherheitspolizei binnen; dat gebeurde daarna nog een paar keer. Verschillende bewoners zijn meegevoerd, maar ze zijn bijna allemaal weer teruggekomen—meteen of pas na de oorlog. Eén man heeft het niet overleefd: de kunstschilder, schrijver, dichter, componist en violist Bob Hanf die huiskamerconcerten gaf in het hofje. Hij schreef hier zijn laatste, lange gedicht 'Christiaan Philippus' mijmeringen over de nachtzijde des levens'. Simon Vestdijk voert hem op in

Prinsengracht 135, Jan Spierdijk

Oorlogsmonument Noorderkerk

het achtste deel van de Anton Wachterreeks: 'Een iets oudere blonde jood, van wie Anton in het eerst geen hoogte kon krijgen. Een dikkige, zakkige knaap met een ongelooflijk geestig en intelligent gezicht.' Hanf werd in april 1944 bij een inval van de SD opgepakt en in september 1944 in Auschwitz vermoord.

Het Nieuwe Suykerhofje had ook een bedevaartsoord kunnen zijn, zoals het Anne Frank Huis. Maar de deur zit op slot, het hofje is nu écht verscholen.

SCHAKELS Dit is niet zomaar een opsomming van oorlogsadressen, want de bewoners waren schakels in een ketting van opstand en verzet. Vaak zonder elkaar te kennen vormden ze een hechte familie op de Prinsengracht. Er waren andere adressen waar mensen zich verstopten omdat ze Joods waren of omdat ze niet opgepakt wilden worden om in Duitsland te werken. Op weer andere adressen vielen onderduik en verzet samen.

Annie Zadoks, Prinsengracht 535, had een werkster: Lena, een vrouw uit de Jordaan. Die stormde op een dag, jaren na de bevrijding, ontzet de salon binnen. Ze had iets in de kelder gezien dat niet pluis was. Mevrouw Zadoks, die daar ondergedoken had gezeten met een paar andere jonge vrouwen, reageerde nuchter. O, dat moet munitie zijn. De kelder werd namelijk gebruikt als opslagplaats door een verzetsgroep. Na een telefoontje naar de gemeente kwam er een ambtenaar met een aktetas langs. Hij stelde de dames gerust. Het stelde niet veel voor, dacht hij, maar voor de zekerheid zou hij de Explosieven Opruimingsdienst wel even waarschuwen. Die zette de hele omgeving af; zo onschuldig was het niet.

In 1938 verhuisde de communistische schrijver Theun de Vries naar Prinsengracht 467, tweehoog. Daar schreef hij in 1943, onder de schuilnaam M. Swaertveger, de novelle *W.A.-man*. De hoofdpersoon, Frans Dijkgraaf, is de zoon van een verarmde kruidenier in de Jordaan. Bij het Jordaanoproer in 1934 wordt het winkeltje geplunderd door Jordanezen die niets meer te eten hebben. Dijkgraaf haat de oproerige arbeiders, ontmoet een NSB'er die hem meeneemt naar een partijbijeenkomst in een groezelig biljartcafé op de Weteringschans, sluit zich aan bij de NSB en marcheert mee in de gelederen van de WA. In 1944 verscheen de novelle bij uitgeverij De Doezende Dar. De Vries zat toen gevangen in Kamp Amersfoort.

Prinsengracht 204: A Space Oddity, winkel in tv- en filmspeelgoed, voorheen de meubelmakerij van Joop Snep en zijn vader — een katholieke familie die Joden hielp aan onderduikadressen en vluchtroutes. In 1942 werd de jonge Snep, 21 jaar oud, gearresteerd op het Centraal Station door Amsterdamse agenten die voor de Gestapo werkten. Zijn vader werd dezelfde dag ook opgepakt. Beiden werden eerst naar Amersfoort gebracht en van daaruit naar concentratiekamp Sachsenhausen. Wonder boven wonder werd Joop Snep een jaar later naar Amsterdam terugge-

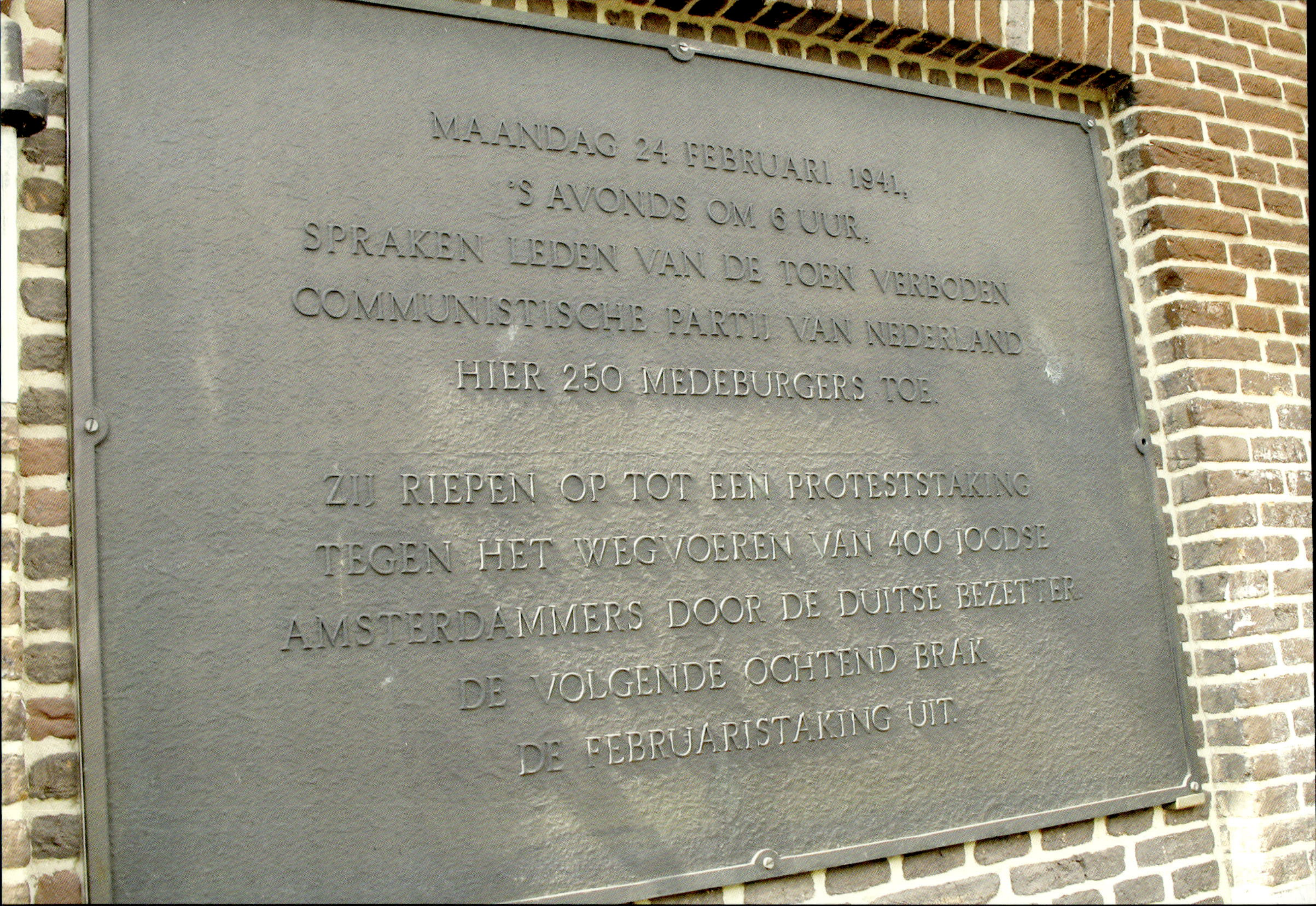

Eerbetoon aan Februaristakers

stuurd, gered door de Duitse bureaucratie: op bevel van Himmler moesten alle jongens die geboren waren in 1921 zich in eigen land melden voor de *Arbeitseinsatz*. 'Ik heb me natuurlijk nooit gemeld en ben ondergedoken in de zaak van mijn vader.' Zo heeft Snep, schuin tegenover het huis van Anne Frank, het eind van de oorlog gehaald.

In 1941 ging het jonge echtpaar Jan en Anneke Spierdijk wonen op Prinsengracht 135, éénhoog. Spierdijk, in 1919 te Amsterdam geboren, schreef eind jaren dertig felle artikelen tegen het nationaalsocialisme in een door hemzelf verspreid gestencild blaadje dat *Opgang* heette. Zo klein als de etage op de Prinsengracht was, het werd in de eerste oorlogsjaren een trefpunt van jonge schrijvers en dichters. Spierdijk schreef in die jaren de roman *Het dierbaar landschap* die zich in dit milieu afspeelt. In de zomer van 1942 werd Spierdijk door twee SD'ers opgearresteerd en naar een gijzelaarskamp in Haaren, Noord-Brabant, overgebracht. Daar zag hij opeens een oude vriend, met wie hij nachtelijk Amsterdam menigmaal onveilig had gemaakt en daar nu ook gevangenzat: Jan Campert. Die werd later naar het Duitse concentratiekamp Neuengamme gedeporteerd waar hij de dood vond. Spierdijk kwam er beter van af nadat hij secretaris van de bibliotheek van het gijzelaarskamp was geworden: hij werd nog vóór Kerstmis 1942 vrijgelaten. Na de oorlog werd Spierdijk journalist, achtereenvolgens bij *De Waarheid* en *De Telegraaf*.

Een ander jong echtpaar, Henk en Ada van Randwijk, verhuisde in 1937 van Gorcum naar Amsterdam. Henk, onderwijzer en schrijver, had gesolliciteerd bij de protestants-christelijke Eben Haëzerschool in de Bloemstraat —een armenschool in een straatarme buurt: slecht gebouw, gebrek aan lesmateriaal, ongemotiveerde kinderen, onverschillige ouders, overspannen personeel. Kortom, de nieuwe baan was een ideale uitdaging voor een sociaal bewogen man uit een streng gereformeerd milieu. Binnen twee jaar was Van Randwijk hoofd van de school. Zijn vrouw maakte zich populair bij ouders en kinderen door elk jaar een kerstfeest met een feestmaaltijd te organiseren. Dat was voor mensen die nooit iets fatsoenlijks naar binnen kregen, een grote gebeurtenis.

In 1941 werd de school, voor en na de lessen, een centrum voor illegaal werk. Er werden Februaristakers opgevangen, Joodse onderduikers, arbeiders die weigerden in Duitsland te werken. Op zolder waren de illegale geschriften en manifesten opgeslagen, die bij tienduizenden werden verspreid. Op 10 mei 1941, precies één jaar na de Duitse inval, werd op initiatief van Henk van Randwijk en twee andere protestantse schrijvers het *Geuzenliedboek* uitgebracht. Het was gedrukt bij drukkerij Allard J. Honing aan de Prinsengracht. En in juni van dat jaar raakten Henk en Ada betrokken bij *Vrij Nederland*, het verzetsblad dat in september 1940 was opgericht. De VN-groep ging vergaderen in de Eben Haëzerschool.

Prinsengracht 21, Van Randwijk

Het echtpaar Van Randwijk woonde aan de Stadionkade, maar moest onderduiken. Beiden hebben vastgezeten: Henk in het Huis van Bewaring aan de Weteringschans en in de gevangenis op de Amstelveenseweg, Ada in de strafgevangenis van Scheveningen. Nadat ze vrijgekomen waren, begon een maandenlange zwerftocht langs allerlei adressen. Uiteindelijk vonden zij in mei 1943 een vast onderduikadres: Prinsengracht 21. Dat was het huis van dominee G. Oorthuys, vader van de fotograaf Cas, de predikant van de Noorderkerk aan de overkant, die met emeritaat ging en naar Lunteren verhuisde. Dominee Oorthuys hield zijn woning op de Prinsengracht aan en verhuurde die aan de Van Randwijks.

Het predikantenhuis werd het hoofdkwartier van het illegale *Vrij Nederland*, waarvan Van Randwijk inmiddels hoofdredacteur was geworden. Henk en Ada hadden hun lesje geleerd; ze waren buitengewoon voorzichtig geworden. Ze gebruikten nooit de voorkamer aan de gracht, want van buiten mocht niets gezien worden. Ze voldeden stipt aan de verduisteringsvoorschriften. Naast de keuken in het souterrain richtten ze een loze ruimte in als schuilplaats en lieten door een betrouwbare metselaar een stenen muurtje maken achter de houten wand, omdat Duitsers de gewoonte hadden met bajonetten door het hout te steken als ze ergens een bergruimte vermoedden.

Zo weinig mogelijk medewerkers van *Vrij Nederland* kenden het adres van de Centrale Leiding. Er werden hier geen vergaderingen gehouden. Tegen buren zeiden de Van Randwijks dat ze evacués waren, die hier door de goedheid van de dominee tijdelijk onderdak hadden gevonden. Een probleem was dat een eindje verderop, op de Korte Prinsengracht, een nicht van Ada woonde. Die kwam ze wel eens tegen als ze in de buurt boodschappen deed. Dan zei ze dat ze hier kwam omdat het dicht bij Henks school was. Voor intimi die op bezoek kwamen, had Henk een simpel waarschuwingssysteem bedacht: een onopvallend stukje papier achter de voorruit van de deur was het teken dat alles veilig was. Zat het er niet, dan was er onraad. Belde iemand aan, dan moest degene die de deur opendeed het papiertje weghalen. Goed volk: papiertje terugzetten. Slecht volk: papiertje wegstoppen. Voordat het bezoek wegging, werd zorgvuldig een alibi bedacht zodat bij een eventuele aanhouding een aannemelijk verhaal kon worden verteld. Wat zeg je als ze vragen waar je vandaan komt? Waar je geslapen hebt? Waar je naartoe gaat? Het voormalige schoolhoofd overhoorde zijn gasten streng in de marmeren gang bij de voordeur voor hij hen liet gaan.

Het moet voor Henk en Ada van Randwijk een onuitputtelijke bron van inspiratie zijn geweest dat ze recht tegenover de plek woonden waar op 25 februari 1941 aan de voet van de Noorderkerk de Februaristaking werd uitgeroepen.

Prinsengracht 390, Hoornik Konsern

HOORNIK KONSERN Eén van de bekendste oorlogsadressen op de Prinsengracht is van na de oorlog. In 1957 gingen Ed Hoornik en zijn jonge vrouw Mies Bouhuys wonen in een voormalig koffie- en theewinkeltje, nummer 390, naast Melkhandel Nieuw Leven.

Hoorniks naam is nauw verbonden met de geschiedenis van de Tweede Wereldoorlog in Nederland. Hij was journalist bij het *Algemeen Handelsblad*. Op 19 augustus 1943 verscheen een clandestiene dichtbundel van zijn hand, *Tweespalt*, geïllustreerd door Carel Willink. Dat werd gevierd op de kunstenaarssociëteit De Kring, met een nazit bij Hoornik thuis in de Stadionstraat. Eén van de gasten was Hans Katan, lid van de verzetsgroep CS-6, die werd gezocht door de Duitsers. Diens vriendin Mien Harmsen was vier dagen eerder gearresteerd, en in haar tas zat het adres van Hoornik. Tijdens het feestje viel de SD binnen. Katan werd anderhalve maand later gefusilleerd. Ze namen Hoornik ook mee. Hij werd eerst naar Vught gebracht en later op transport gesteld naar concentratiekamp Dachau, waaruit hij twee jaar later gebroken terugkwam. Hij heeft er veel over geschreven en gepraat.

Rondom Hoornik vormde zich een kring van jonge schrijvers en kunstenaars. Voor hen was hij de verpersoonlijking van het antifascisme. In het 'Hoornik Konsern' aan de Prinsengracht werd uitgemaakt wie en wat 'goed' en 'fout' was en is — vóór de oorlog, ín de oorlog en ná de oorlog. Het huwelijk van Beatrix met de Duitser Claus von Amsberg, bijvoorbeeld, deugde volgens hen van geen kanten. De verering van de patriarch nam soms mythologische vormen aan. In 1985, vijftien jaar na zijn dood, publiceerde Mies Bouhuys een hagiografie, *Het is maar tien uur sporen naar Berlijn,* waarin Hoorniks oorlogstrauma's breed uitgesponnen worden.

Toch klopt er iets niet. In kleine kring was bekend dat er een smetje zat op het blazoen van Hoornik. Annemieke Hendriks heeft in 2007, in haar geschiedenis van kunstenaarssociëteit De Kring, een tipje van de sluier opgelicht. Hoornik werkte bij het uitbreken van de oorlog op de kunstredactie van het *Algemeen Handelsblad*. Hij bleef in functie toen de krant genazificeerd werd en alle Joodse collega's ontslagen werden. Hij recenseerde boeken, maar niet van Joden of communisten. Wél van onbeduidende NSB-auteurs, maar die besprekingen waren niet al te kritisch. Hij maakte ook interviews met kopstukken die de Nieuwe Orde toegedaan waren. In het illegale *Parool* werd Hoornik neergezet als 'propagandist voor de nazi-kunst-filosofie'.

Over die donkere periode lees je geen letter in het boek van Mies Bouhuys. Wist ze het niet? Goed mogelijk. Maar in oktober 2009, iets meer dan een jaar na haar overlijden, plaatste *Vrij Nederland* een zeven pagina's tellend artikel over de 'Muiderkring aan de gracht' van onderzoeksjournaliste Aukje Holtrop. Zij kan het boek van Annemieke Hendriks niet over het hoofd hebben

De buurman van Ed en Mies

gezien, want Ed Hoornik was op De Kring een centrale figuur. Waarom zij dit 'verborgen verhaal' negeert, is raadselachtig.

'De Tweede Wereldoorlog was nooit ver weg. De sfeer van verzet hing in het huis en is er blijven hangen,' schrijft Holtrop. Om de mythe extra dimensie te geven, onthult ze al in de tweede alinea dat het voormalige koffie- en theewinkeltje in de oorlog dienstgedaan had als clubhuis van de WA, de knokploeg van de NSB. O ja?

Tijdens de oorlog woonde twee huizen verderop, aan de andere kant van Melkhandel Nieuw Leven, de timmerman Nieuwenhuijse met zijn kinderrijke gezin. We zijn ze al tegengekomen. Eén van zijn zoons, Hans, heeft een fotografisch geheugen, en geloof maar dat hij zijn oudere broers precies wisten wat zich op hun stukje gracht afspeelde. Ze waren in de leeftijd dat ze bij een razzia zó konden worden opgepakt voor de *Arbeitseinsatz*, en daarom vlogen ze bij het minste gerucht van onraad het dak op om zich te verschuilen op de zolder van de naburige J. van Noortschool. Hans Nieuwenhuijse herinnert zich niets van zo'n clubhuis van zwarthemden bij de buren.

9

ZO WENDBAAR WOU JE WEL DAT ALLES WAS

Pieter Goemans studeerde rechten in Amsterdam. Een halve eeuw geleden hing hij over een brugleuning langs de Prinsengracht. Hij had geen mooiere plek kunnen bedenken. Tussen de Leidsestraat en de Leidsegracht zag hij aan de overkant de magnifieke gevels van De Zeven Provinciën, recht voor zich de sprookjesachtige Leidsegracht, op de hoek een betoverend Hans-en-Grietjehuis waarin tegenwoordig restaurant Casa Peru zit, links de knik in de Prinsengracht bij het Molenpad en ten slotte het ouderwetse café Pieper waar, langs het water, een mysterieuze benedenkade ligt. Gelukkig stond hij met de rug naar het deprimerende Paleis van Justitie.

Dit uitzicht heeft zijn leven bepaald. Het inspireerde hem tot het schrijven van het lied 'Aan de Amsterdamse grachten', dat een vast nummer werd in het ijzeren repertoire van Tante Leen en dat nog ieder jaar massaal wordt meegezongen aan het eind van het Prinsengrachtconcert. Door dit succes werd Goemans geen advocaat, maar liedjesschrijver.

Er staat een huis aan de gracht in oud Amsterdam
Waar ik als jochie van acht bij grootmoeder kwam
Nu zit een vreemde meneer in 't kamertje voor
En ook die heerlijke zolder werd tot kantoor.

Zo luidt het derde couplet. Het is geen Nijhoff of Bloem, het is wel poëzie die het Prinsengrachtgevoel trefzeker onder woorden brengt. Mensen wonen er, mensen werken er en mensen voelen zich er, ondanks de altijd doorgaande verandering, thuis.

Op de Prinsengracht liggen hele lagen voetstappen van dichters die hier door de eeuwen heen hebben gewoond, gewerkt, gezworven, over bruggen geleund, vriendenkringen bezocht, in cafés rondgehangen, op terrassen gezeten. Maar dit heeft nooit hoogdravende poëzie voortgebracht, wel toegankelijke gedichten. Over alledaagse mensen met alledaagse ervaringen. De één ziet een mooi meisje langskomen, de ander vergaapt zich voor de etalage van een poppendokter, een derde ziet de zon in het water breken. Je kunt geen Prinsengrachtbundel van enige omvang samenstellen, maar de gedichten waarin de Prinsengracht een rol speelt, zijn charmant.

In 1975 publiceerde Willem Jan Otten, toen een piepjonge dichter die net de Reina Prinsen Geerligsprijs had

gekregen, een lang gedicht ('een epyllion') over een eend die in het IJ woont en een uitstapje maakt naar de Prinsengracht:

> Ik liet me gaan, langs roerloze aken,
> Ontweek gedachtenloos een pont, en belandde
> In de Prinsengracht. Voor het eerst van mijn leven
> Onderging ik een brug. Er stond een grijze man,
> Wiens fluim op een haar na mijn veren miste,
> En een hond, wiens blaf me bijna om deed keren —
> Maar ik was te lijdzaam en te laf.
>
> Een stad is vreemd, ook voor een eend.
> Er zijn boten, maar ze liggen vast;
> Er zijn oevers, maar er is geen gras;
> Er is water, maar het is niet nat,
> Troebel eerder, als een zwart moeras.
> Er varen lage schepen, helemaal van glas,
> Waarachter schimmen, met een stijve nek
> Van het almaar op bevel naar huizen kijken.
> Mannen duwen karren, fietsen, pierementen
> Tegen duizend steile bruggen op, vrouwen
> schrobben stoepen, werpen zonder onderbreking
> Emmers sop het water in, en kinderen
> Staan dagenlang voor winkels vol met snoep.
>
> Na een avontuurlijke reis wordt het avond.
> De zon ging achter in de Bloemgracht onder.
> Het water brandde, even, maar het vuur verdronk
> In duisternis. Zwarter is het voor mijn ogen
> Nooit geweest. Het licht van de lantaarns
> Bleef hangen in de bomen; de schemerlampen
> Van de mensen schenen tot de raamkozijnen,
> Verder niet. De wallekant waarlangs ik zwom
> Was niet te zien. Soms voelde ik de gladheid
> Van de waterlijn, begroeid met vette algen,
> Soms zwom ik tegen plastic zakken op.

In de jaren negentig van de negentiende eeuw introduceerde de Limburgse jurist Frans Erens, die nauwe contacten had met de Tachtigers en de kring rond Frank van der Goes, het 'prozagedicht' in de Nederlandse literatuur. Hij was een groot kenner van de moderne Franse poëzie, die hij vertaalde en besprak en waarin hij met dit nieuwe genre kennis had gemaakt. Erens kwam regelmatig naar Amsterdam en legde alles wat hij zag, als een fotograaf, vast in korte schetsen:

> Met plassen ligt het Amstelveld, 't schijnt dat je er door henen kijkt door den grond, als door een versleten stuk tapijt. De plassen spiegelen 't gouden licht der stijgende zon, stijgend achter de huizenrij van de Prinsengracht.

ELEKTRONISCH
BEVEILIGD
BEEREPOOT
COCO
AVANT CHANEL
A FILM BY ANNE FONTAINE

Zie daar gaat een lange meid. Haar schaduw dooft de plassen in het gaan. Zij loopt vóór: de schaduw volgt: dat weet ze niet. Voor de scholen is het nu de tijd, daar komt het meisje met den fermen stap. Onder den japon van wit katoen werpt zij zware beenen ruw vooruit. Haar glimmend haar in vollen zwaai hangt op den rug in bruine pracht terwijl de borst opspringt in den kloeken stap. Zij gaat naar school. De boeken houdt ze in den hand. Haar wangen rood en wit zijn vol van jeugd en de groote oogen schitteren hel als de plassen van het Amstelveld.

Daar gaat de oude boodschaplooper van een oude firma van de Keizersgracht. Den eenen arm is hij kwijt; hij draagt een pakje met den anderen: waardoor de eene schouder hooger is dan de andere, langzaam zoo geworden. Hij loopt altijd den zelfden weg: misschien trapt hij elken dag op het zelfde uur op de zelfde grijze steenen van het Amstelveld.

De koster van de houten kerk zit voor de glazen maar wel verborgen achter de blauwe horretjes. Vroeg is hij altijd bij de hand.

Met plassen glimt het Amstelveld.

Honderd jaar later rijdt Remco Campert met de tram door de Vijzelstraat. Hij komt langs twee bankgebouwen, die van De Bazel en Duintjer, en wordt door dezelfde bliksem getroffen als Frans Erens. Het gedicht 'Piropo' wordt geboren, een verliefd compliment aan een vrouw:

> Staande in lijn 16, richting huis
> (altijd weer naar huis, waarom?
> ja los dat zelf maar op)
> zie ik ter hoogte van de Prinsengracht
> de mooiste vrouw lopen
> waarin het voorbijgaan
> ooit mijn oog op viel
>
> ontredderd tram ik verder
>
> 'een mooie zwarte vrouw in Nederland
> is als een wilde roos op een parkeerterrein'
>
> 'o mocht ik je plukken!'

En waarachtig, Gerard den Brabander, stamgast in café Eylders bij het Leidseplein en in het Hoornik Konsern op de Prinsengracht, had ooit ook zo'n ervaring. Hij staat bij het Amstelveld en ziet verderop een vrouw lopen op de Ronde Brug over de Reguliersgracht bij de Kerkstraat. Hij schreef het gedicht 'Herfstmiddag aan de Prinsengracht':

921

Ik zie de boom, geworteld op de voeten,
het jaar doorschrijden en het watervlak
der Prinsengracht. Ik zie het water groeten:
één grote glimlach, waar de zon in brak.
En toen ik haar op ingetogen benen
over de ronde Ronde Brug zag gaan,
liep er iets warms vanuit mijn borstkas henen
en keek ik dieper in mijn leeg bestaan.
Er blijven nu maar weinig dingen over:
water en zon, wat mist, verwelkend lover,
en, ergens in de droom daartegenover,
achter de hartstreek een verdwaalde pijn...
Die pijn wordt groter, en het woord zó klein,
dat zij niet weten of zij samen zijn.

In het eerste hoofdstuk hebben we 'alle Prinsengrachten' van Theo Thijssen gedaan. Met de nietige Opstapper, waarvan Judith Herzberg een godenwagen heeft gemaakt:

Het soepelst mensenlijkst
vervoer in dit geconstipeerd verkeer
zo wendbaar wou je wel
dat alles was.

We zijn toen uitgestapt voor de deur van juffrouw Splinter bij de Reesluis, en dat is natuurlijk de brug waar alles om draait. De brug van Willem Wilmink, de dichter uit Twente die hier jarenlang dagelijks rondslenterde en die, nadat hij naar Enschede was teruggekeerd, regelmatig kwam controleren of alles nog bij het oude was.

Ik wandel vaak met vader door de stad
alsof ik er niet eens meer weet van had
dat hij al zo lang dood is. Prinsengracht:
tot hier werd Rosa Overbeek gebracht
door Kees de jongen, en zij kuste hem
bij de ingang van de Reestraat. En zijn stem
sloeg over, toen hij zei: 'Pas op, val niet.'
Vlakbij de Schreierstoren klinkt een lied
van Bredero: 'Ogen vol majesteit...'.
Wij wandelen zo ver buiten de tijd
dat daar zoëven in zijn regenjas
Carmiggelt liep, met ingehouden pas.

Dit gedicht heette gewoon 'Amsterdam'. Thijssens schooljochie Kees Bakels, naar wie de brug over de Bloemgracht tegenover het Anne Frank Huis is genoemd, en zijn vriendinnetje Rosa Overbeek, naar wie de volgende brug over de Bloemgracht is genoemd, draven nog een tweede keer op in Wilminks gedicht 'O, Reestraat, mooiste straat van Amsterdam!' Aan dit gedicht heeft hij vier jaar gesleuteld, zoals hij zelf vermeldt tussen augustus 1960 en augustus 1964.

YVONNE HALLEMA KUNSTZAKEN. galerie voor hedendaagse kunst
DUK
LOVE BOOT

O, Reestraat, mooiste straat van Amsterdam!
Ik was zo blij dat ik er wonen kwam.
De grachtengordel was nog niet zo sjiek,
mijn maandhuur was er tweeënzestig piek
voor driehoog-achter, waar ik 't carillon
van de oude Wester gratis horen kon.
Je was dat straatje uit eer je het wist,
toch waren daar een slager, een drogist,
groenteboer, melkboer, kapper, kruidenier,
bakker, slijter, goedkope juwelier
die tevens poppendokter was, en dan
een fietsenstalling, een sigarenman.
Kantoorboekhandel met postzegels voor
slechts een cent duurder dan het postkantoor,
een brandschoon koffiehuisje op de hoek,
waar 't meest uit bouwvakkers bestaand bezoek
de meegebrachte eetwaar nuttigen mocht
en daarbij dan een kopje koffie kocht.
Net op dat hoekje Reestraat-Prinsengracht
heeft Kees op Rosa Overbeek gewacht
en daar, daar kuste zij hem, twee, drie keer.
Wie dat leest, zal ontroerd zijn, telkens weer.
Achter mijn kamer was een klein balkon,
daar speelde ik bij mooi weer accordeon,
uitkijkend op een blinde pakhuismuur
en aangehoord door hier en daar een buur.
Soms kwam er een wanhopige vriendin
diep in de nacht, en dook mijn bed maar in,
wilde geen seks, wilde klein zijn en sprookjes horen,
want kleine potjes hebben grote oren.

Dichters kunnen in een paar regels zeggen waar wij een heel boek voor nodig hebben.

HOTEL
HOTEL
De Prinsenkelder

VERANTWOORDING

Voor dit boek hebben we veel gesprekken gevoerd. In het bijzonder willen we bedanken: Mathilde Wibaut, Jet Greebe, Laura Heuvel & Harry Schaft, Faisal Ghannam, Hans Duijf, Hans & Mia Nieuwenhuijse, André Köbben, Paul Geertman, Maria-Beatrice Annis & Herman Geertman, Robert Lunsingh Scheurleer en Ileen Montijn.

Behalve internet en alle jaargangen van *Ons Amsterdam* waren belangrijke bronnen:

D'Ailly, A.E., *Historische gids van Amsterdam*, Allert de Lange (1949)

Boer, W.J. de & Gerard Pley, *Grachtenzusters. Episoden uit honderdvijftig jaren Vereeniging voor Ziekenverpleging, sedert 1857 gevestigd aan de Prinsengracht te Amsterdam*, Prinsengracht Ziekenhuis (1993)

Brunt, Lodewijk & Heleen Ronden, 'Een vijand nooit gekend. De cholera in Amsterdam, 1832'. In: C. Cruson & J. Dronkers (red.), *De stad. Beheersing van de sociale ruimte*, Van Loghum Slaterus (1990)

Hendriks, Annemieke, *In intieme kring*, Nieuw Amsterdam (2007)

Holtrop, Aukje, 'Muiderkring aan de gracht'. In: *Vrij Nederland*, 3 oktober 2009

Mulder, Gerard & Paul Koedijk, *H.M. van Randwijk. Een biografie*, Nijgh & Van Ditmar/Raamgracht (1988)

Roelfs, Jan & Jaap Th. Balk, *De Oude Wester 350 jaar*, Tiebosch Uitgeversmaatschappij (1981)

Rooy, Piet de en anderen, *Geschiedenis van Amsterdam*, deel I-IV, SUN (2004–2007)

Snep, Joop, 'Soms bleek 's ochtends dat mensen uit wanhoop tegen het prikkeldraad waren gerend om zich te elektrocuteren', interview in *de Volkskrant*, 10 oktober 2009

Steinz, Pieter, 'Een huis vol kikkers. Gesprek met de archeologe A.N. Zadoks-Josephus Jitta'. In: *NRC Handelsblad*, 30 november 1990

Thijssen, Theo, *In de ochtend van het leven*, Verzameld werk deel IV, Thomas Rap/Atheneum—Polak & Van Gennep (1999)

Tulleners, Hans & Tim Killiam, *Amsterdamse Grachtengids*, Het Spectrum (1978)

Tulleners, Hans, *Wonen in een Amsterdams grachtenhuis*, Stadsdrukkerij van Amsterdam (1981)

Wilde, Inge de, *Uitgeverij De Spieghel. Over de uitgeefsters Tine van Klooster en Koos Schregardus*, Barkhuis Publishing (2005)

REGISTER

FUURLAND · DE FILMKRANT
Stichting Fuurland/de Filmkrant
Henk Rabbers grafisch ontwerper etc
Associatie van Nederlandse Filmtheaters
ULF MORITZ

961b
Corneille
961d. A.F.Th. Grul

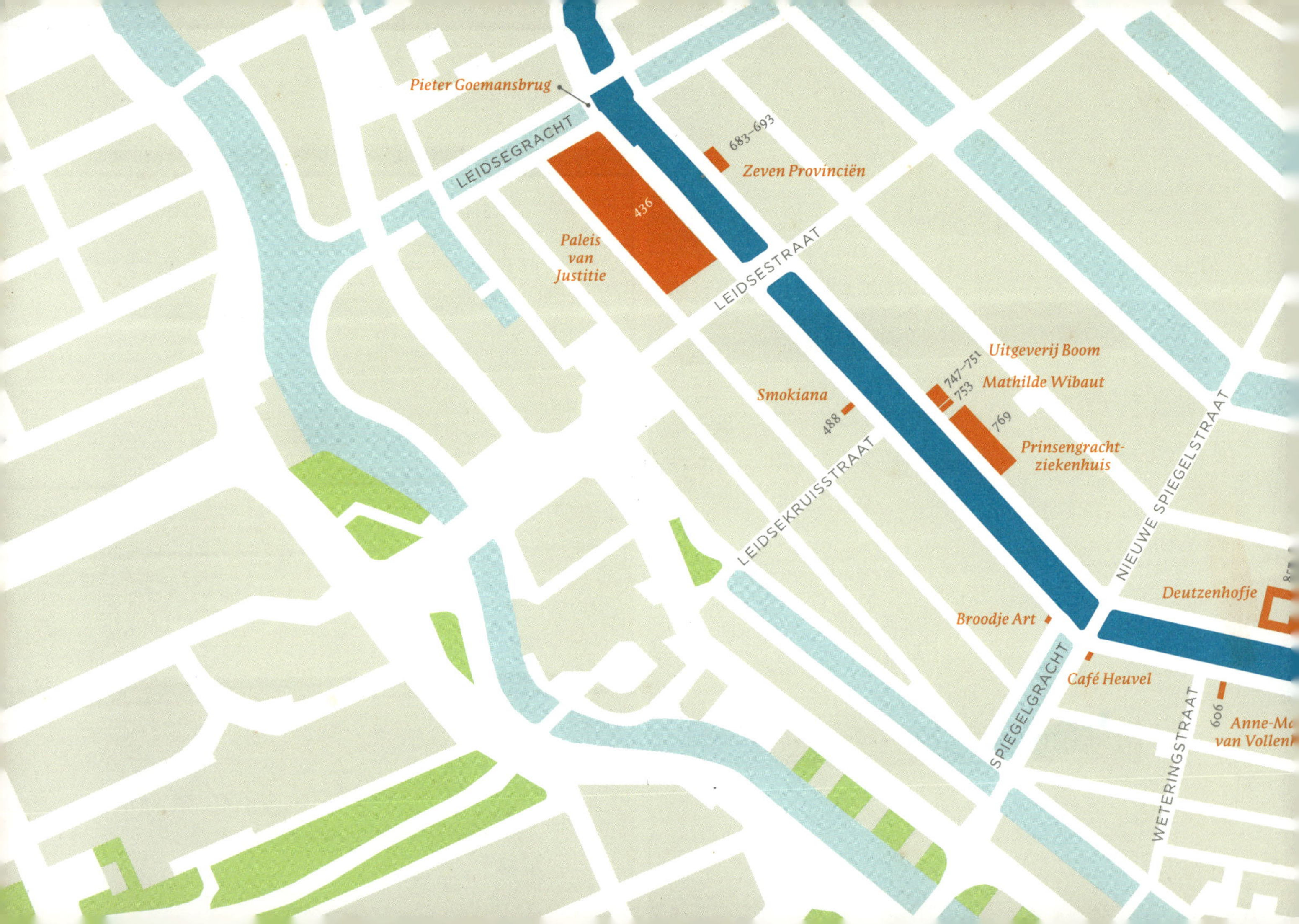

Pieter Goemansbrug
LEIDSEGRACHT
683–693
Zeven Provinciën
436
Paleis van Justitie
LEIDSESTRAAT
Uitgeverij Boom
747–751
753
Mathilde Wibaut
Smokiana
488
769
Prinsengracht-ziekenhuis
LEIDSEKRUISSTRAAT
NIEUWE SPIEGELSTRAAT
Deutzenhofje
Broodje Art
SPIEGELGRACHT
Café Heuvel
WETERINGSTRAAT